세상에서 가장 쉬운 본질육아

삶의 근본을 보여주는 부모, 삶을 스스로 개척하는 아이

NEW EDITION

세상에서 가장 쉬운

본질 육아

지나영 지음

대한민국에 새 물결을 일으킨
육아 필독서

21세기북스

프롤로그

기본만 잘해도
아이는 잘 큰다

우리나라에서 아이를 키우는 것은 유독 왜 이리 힘들까? 아이를 낳지 않는 것이 더 현명하다고 생각하는 것이 대세일 지경이다.

아이가 태어나면 당연히 기쁘지만 한편으로는 '이제 내 인생은 다 끝났구나' 하고 느끼는 사람도 있다. 그리고 실제로도 아주 힘들게 육아를 한다. 짐이 너무 무거워 아이를 낳고 키우는 재미와 행복마저 옅어진다.

부모만 힘든 게 아니다. 아이들도 힘들다. 매일 짜여진 시간표에 따라 쳇바퀴를 돌고 성적으로 줄 세워지느라 자기 자신은 사라진다. 내가 뭘 좋아하는지 어떻게 살고 싶은지 생각할 틈이 없다. 그래서 부모가 원하는 만큼 해내지 못하면 가치 없는 자녀, 사랑받지 못하는 자녀가 될 것만 같아 불안하다. 성인이 되어서야 뒤늦게 목적을 잃고 방황하는 사람이 적지 않다. 삶이 공허하다고 느끼고 우울해한다. 부모는 부모대로 힘들게 아이를 키웠는데 웬일인지 그 결과인 우리 청년들이 전혀 행복하지 않다. 더욱 큰 문제는 그 부담이 다시 부모에게 돌아오는 경우가 많다는 것이다. 많은 청년이 부모에게서 독립하지 못하고 자기 인생의 주인이 되지 못한다. 나아가 이런 문제가 부모의 탓이라며 원망하기 일쑤이다.

대부분의 부모는 사랑과 희생으로 아이를 키운다. 지금 내가 따르고 있는 이 육아의 길이 우리 아이에게 가장 좋은 길이라고 믿기에 그렇게 키운다. 그러나 세상은 빠른 속도로 변하고 있다. 지금 부모들이 상상도 못 할 새로운 세상을 아이들은 살아갈 텐데, 부모들은 자신들이 자라온 과거의 논리와 현재의 법칙에 따라 아이들을 키운다. 그 결과 아이들은 미래를 위한 준비를 제대로 못 하고 있다.

20년 가까이 소아정신과 의사로 수많은 아이와 부모를 보아왔는데 안타까울 때가 너무나 많았다. 모두가 아이를 잘 키우고 싶어 하는데, 그래서 자신의 삶을 포기하다시피 하고 열심히 아이를 키우는데, 그러면서도 불안해한다. 방향이 잘못되었다고 생각하면서도 남들이 다 하니까 어쩔 수 없다며 방향을 틀지 못한다. 정말 중요한 교육은 하지 않고 엉뚱한 데 매달리다가 아이가 자신이 원하는 대로 자라지 않으면 그제야 하늘이 무너진 것처럼 괴로워한다.

이제는 정말 아이 키우는 문화를 바꿔야 한다. 그러려면 부모 한 사람 한 사람이 생각을 바꾸고 행동을 바꿀 용기를 내야 한다. 이런 생각으로 일반 부모들을 대상으로 강의를 하기 시작했다. 내가 강의하는 내용은 어찌 보면 참 쉽고 간단하다. 육아에서 정말 중요한 것을 알고 그것만 제대로 하면 나머지는 힘을 좀 빼도 우리 아이들이 잘 클 수 있다는 것이다. 본질에 충실하자. 이 단순한 진리를 알리고 싶었다.

사실 지금도 육아서와 육아 정보는 넘쳐난다. 그러나 부모에게 더 많은 것을 하라고 조언하는 경우가 많다. 안 그래도 무거운 짐에 무게를 더 싣는 것이다. 반면에 나는 더 애쓰는 것이 답이 아니라 덜 애쓰는 것이 답이라고 말한다. 육아라는 게 그렇게 짐만 되는 게 아니라 충분히 즐거울 수 있다는 것, 아이도 행복할 수 있고 자라서 행복한 청년이 될 수 있다는 것을 널리 알리고 싶었다.

안타깝게도 이렇게 힘들게 하는 육아가 좋은 교육으로 연결되는 것도 아니다. 육아정책연구소가 발간한 2019년 육아행복 국제비교 연구에 따르면 우리나라 교육의 질에 대한 순위는 유럽 국가와 비교했을 때 하위권이었다. 그리고 전반적으로 우리나라 교육제도에 대한 부모들의 신뢰는 높지 않았다. 가장 큰 불만은 지나치게 경쟁적이라는 점, 이로 인해 사교육비 수준이 높아진다는 점, 그리고 자녀들의 특기 및 적성을 잘 살려주지 못할 것이라는 점이었다. 저자들은 우리나라의 지나치게 높은 대학 진학율도 개선되어야 할 과제라고 말한다. 왜냐하면 우리나라 사교육 문화는 과도한 대학 진학의 압박에 근원하기 때문이다. 참고로 스위스의 경우는 대학 진학률이 29% 정도다.

전 세계(2022 list by the United Nations Population Fund) 출산율 꼴찌라는 결과도 심한 육아 부담과 과도한 입시 경쟁이라는 현실과 무관하지 않을 것이다. 그리고 우리의 현재 육아와 교육의 방향이 무언가 많이 잘못되어 있다는 것에는 대다수가 동의할 것이다. 어디선가부터 이를 바로잡아야 한다며 입시제도가 바뀌어야 한다는 목소리도 크다. 그러나 우리 아이들을 위해 먼저 바뀌어야 하는 것은 바로 우리의 생각이다.

내 강의를 듣고 생각을 바꾸고 행동을 바꾼 부모가 참 많다. 아이의 다양한 모습 그대로를 존중해주고, 자신의 재능과 장점을 꺼내어 발휘할 수 있도록 지지해주기 시작했다. 부모가 바뀌니까 아이도 바뀌었다. 아이의 표정부터 밝아지고 부모와 자녀 사이에 삐걱대던 관계도 회복했다. 행복해진 아이를 보고 부모들은 "교수님을 안 만났으면 어떻게 되었을지 끔찍해요"라고 말한다. 의사로서의 나를 찾아온 수많은 부모와 아이, 강사로서 나의 메시지를 받아들이고 스스로 바꾸어간 수많은 부모를 보며 참 뿌듯하고 보람 있었다. 그런데 이런 변화를 겪은 부모님들도 불안을 호소했다. "그러다가 학업에 뒤처지면 어떡하려고?" "최소 이 정도는 시켜야지" 같은 끊임없는 주위의 부추김 때문이었다. 이런 동조현상(peer pressure)에서 오는 불안을 어떻게 해결할 수 있을까? 한가지 방법이 있다. 우리 모두가 함께 바뀌는 것이다. 육아와 교육의 문화를 바꾸는 물결에 우리 모두가 손에 손잡고 함께 올라타면 된다.

그래서 나는 모든 부모님이 본질육아의 메시지를 듣고 새문화의 물결에 동참할 수 있도록 여러가지 방법으로 애쓰고 있다. 수많은 강의, 수많은 유튜브 영상 그리고 이 책도 그 노력의 일환이다.

이 책에서는 부모 여러분의 생각을 바꾸어줄 새로운 시각을 비롯해 아주 실용적이고 누구나 할 수 있는 쉽고 구체적인 육아 방법들까지 담았다. 내가 무엇보다 중시하는 것은 아이 이전에 부모다. 아이를 낳으면 '내 인생 끝, 아이 인생 시작'이 아니라, 나 스스로를 먼저 돌아보고 배우고 성장해야 한다. 내 인생도 아직 50~60년 남았다! 이 책을 통해 아이를 잘 키우는 법뿐만 아니라 부모 스스로 인생을 잘 살아가는 법도 배우게 될 것이다. 그리하여 부모와 아이, 우리 가정이 두루 평안해질 것이다.

이 책을 읽고 육아의 본질을 제대로 해보자. 나머지는 힘 좀 빼도 된다. 주변 부모들에게도 권해주자. 백세시대를 사는 우리 아이는, 성인이 되어 내 품을 떠난 후에도 80년을 더 살아갈 것이다. 그런 아이에게 진짜 가르쳐야 할 것은 수학이 아니라 가치이고, 정말 키워줘야 할 것은 키가 아니라 자존감이라는 것을 알려주자. 현실이 녹록치 않다 하더라도, 부모이기 때문에 아이를 위해 문화를 바꿔야 하고 더 나은 미래를 물려줘야 한다. 한 사람 한 사람이 바뀌어 새로운 육아관을 가진 사람들이 대세가 될 때 육아 문화가 바뀌고, 우리 아이들이 바뀌고, 우리의 미래 그리고 우리 아이의 미래가 바뀔 것이다.

2022년 9월 메릴랜드에서
지나영

차례

프롤로그 기본만 잘해도 아이는 잘 큰다 • 004

Part 1 | 밥을 짓듯 | 아이를 키워라

부모가 해야 하는 첫 번째 질문: 나는 누구인가

아이 이전에 자신을 돌아보라 • 019
나는 어떤 삶을 살고 싶은가 • 022
아이와 함께 성장하는 게 육아다 • 026
아이의 눈에 행복한 어른이 되자 • 029
| 부모연습 | 나를 바라보기 • 031

육아의 최종 목적지

아이가 자신의 배를 띄울 때까지 • 033
아이는 미래에서 온 사람이다 • 035
세계로 갈 아이를 한국 현실에 맞춘다? • 039
불안 때문에 이대로 계속 간다면? • 041
현실이 그렇다? 부모의 욕심이다! • 044
| 부모연습 | 아이 바라보기 • 047

육아의 기본 원칙, 밥 짓기 요법

기본 원칙을 지키고 있는가 • 051
아이 고유의 맛을 살려주고 있는가 • 055
아이가 잠재력을 펼치도록 도와줘라 • 057
| 부모연습 | 아이 잠재력 찾아보기 • 061

쌀: 내 아이의 재능을 찾는 법

생각보다 다양한 지능의 세계 • 063
물고기에게 나무를 타라고 하는 부모들 • 066
많은 것을 경험하게 하라 • 068
조련사가 아닌 조력자가 되어라 • 070
| 부모연습 | 아이 이해하기 • 073

물: 아이의 자존감을 키우는 부모의 메시지

조건 없는 사랑과 절대적 존재 가치의 메시지 • 075
사랑과 인정의 메시지: 20초 허그 요법 • 078
아이와 자연스럽게 공감하는 맞장구 요법 • 082
| 부모연습 | 아이의 자존감 올리기 • 085

물: 단점을 극복하고 자존감을 올리는 호두 까기 요법

단점을 당당하게 까버리면 더 이상 단점이 아니다 • 087
나의 핵심 신념이 나의 현실을 바꾼다 • 089
가장 중요한 건 자신에 대한 핵심 신념 • 091
| 부모연습 | 아이와 함께 단점 극복하기 • 093

물: 예민한 아이의 자존감을 올려주는 몸값 요법

어떤 성격에도 장단점이 있다 • 095
사람들이 나를 어떻게 대할지는 나 자신이 정한다 • 097
| 부모연습 | 예민한 아이의 자존감 올리기 • 101

불: 가치를 가르치면 어떤 경우에도 아이는 바로 선다

아이에게 꼭 가르쳐야 하는 4가지 가치 • 103
맡은 일을 잘해내는 아이, 신뢰와 책임감 • 103
더 큰 사람으로 만드는 기여와 배려 • 105
긍정적인 마음자세, 아이의 평생을 지탱한다 • 109
부모가 롤모델이 되어라 • 111
| 부모연습 | 4가지 가치 가르쳐보기 • 113

Part 2 | 아이를 움직이는 | 힘을 알아라

경쟁보다 강력한 원동력, 내적 동기
아이를 움직이는 힘, 내적 동기 vs 외적 동기 • 117
내적 동기가 더 강하고 오래간다 • 118
성공한 사람들이 말하는 최고의 원동력 • 121
백세 시대에 '의미'가 주는 힘 • 124
| 부모연습 | 내적 동기 찾아보기 • 127

외적 동기의 함정
외적 동기는 내적 동기를 약화시킨다 • 129
공부에 보상을 주면 공부가 일이 된다? • 131
외적 동기만으로는 그 누구도 바꿀 수 없다 • 134
| 부모연습 | 외적 동기, 내적 동기 함께 활용하기 • 137

미래가 원하는 인재로 크고 있는가
21세기에 진짜 필요한 재능 4Cs • 139
미래 인재상에 역행하는 교육 문화 • 140
마음껏 놀게 하라 • 143
| 부모연습 | 잘 노는 아이, 행복한 아이 • 146

놀이도 공부도 재미있어야 한다
아이가 주도적으로 놀게 하는 법 P.R.I.D.E • 149
공부도 재미있어야 한다 • 152
독서가 놀이가 되게 하라 • 155
| 부모연습 | 아이 주도 상호작용 P.R.I.D.E 실천하기 • 159

실패를 두려워하지 않는 아이로 키우는 법

조금만 실패해도 '이생망'을 말하는 아이들 · 161
넘어져보지 않으면 일어나는 법도 모른다 · 162
실패를 권장하라 · 166
한입 크기의 실패 · 168
실패를 통해 성장하는 아이로 · 169
| 부모연습 | 실패를 두려워하지 않는 아이 · 173

감사를 배운 아이는 좌절을 이겨낸다

힘들어하는 아이, 생각 회로를 바꿔라 · 175
긍정적인 사람과 부정적인 사람의 차이 · 179
성공하는 사람들의 감사 습관 · 180
세상에 당연한 것은 없다 · 181
온 가족이 함께하는 감사 요법 · 184
좋은 면에 집중하는 연습 · 186
| 부모연습 | 감사 요법 챌린지 · 189

Part 3 어릴 때 이것만 해도 아이는 잘 자란다

아이의 행동을 바로잡는 OT 요법

아이에게는 규칙이 필요하다 · 193
한 번에 잘하는 아이는 없다 · 197
규칙은 경청과 의논을 통해 정하라 · 199
| 부모연습 | 아이와 규칙 세우기 · 203

우리 아이를 지나친 몰입에서 지키는 법

아이가 게임과 스마트폰에 과몰입하는 이유 • 205
더 재미있는 것을 찾을 기회를 주어라 • 207
방임이 아닌 방목을 하라 • 210
자기인식을 통해 자기조절력 키우기 • 212
청소년 자녀와 소통하는 하숙생 요법 • 215
| 부모연습 | 게임과 스마트폰 과몰입 예방하기 • 219

자기조절력을 키워주자

스스로 조절력을 느껴야 안정된다 • 221
부모는 자기조절력을 갖고 있는가 • 224
자기조절력 기르기의 기본 • 225
| 부모연습 | 자기조절력 키우기 • 229

자기조절력을 기르는 실전 교육법

집 안에 평화의 장소를 만들어라 • 231
자기조절력을 기르는 호흡법 • 233
불안한 감정을 다루는 뜨거운 감자 요법 • 237
| 부모연습 | 아이와 호흡하기 • 241

평생 가는 습관, 루틴을 만들어라

부모와 아이가 같이 지키는 루틴 만들기 • 243
자유로운 가정에도 루틴은 필요하다 • 247
| 부모연습 | 함께 루틴 만들기 • 249

Part 4 | 아이한테 곧바로 흡수되는 | 부모의 마음자세

아이 하나하나가 다르고 특별하다
아이들은 다 다른 것이 당연하다 • 253
누구에게나 에러가 있다 • 255
모든 걸 잘하기보다 강점에 집중하라 • 257
특별한 아이를 대하는 부모의 자세 • 258
| 부모연습 | 우리 가족 파악하기 • 262

내면이 단단한 아이로 키우는 부모의 자세
부모에게 인내심은 필수다 • 265
아이에게 어떻게 피드백을 줄까 • 266
| 부모연습 | 내면이 단단한 아이 • 269

행복한 부모, 행복한 아이
모두가 이길 수는 없지만 모두가 성장할 수 있다 • 271
입시제도보다 먼저 바뀌어야 하는 것 • 273
| 부모연습 | 함께 행복해지기 • 277

에필로그 아이와 나 자신을 위해 용기를 내자 • 278

Part 1

Essential Parenting

밥을 짓듯 아이를 키워라

부모가 해야 하는
첫 번째 질문

⋮

나는
누구인가

아이 이전에
자신을 돌아보라

부모가 되었거나 부모가 될 여러분은 이런 고민을 할 것이다.

'나는 어떤 부모가 되어 우리 아이를 어떻게 키울 것인가?'

여기서 시작점은 우리 아이가 아닌 '나'라는 것을 명심하자. 가장 먼저 할 일은 부모 자신을 돌아보는 일이다.

'나는 어떤 사람인가? 내가 누구인가?'

왜 이런 질문을 해야 할까? '내가 누구인가'라는 질문에서 '나는 어떤 부모인가'가 파생하기 때문이다. 여기서 특히 중요한 것은 '내가 나를 얼마나 가치 있는 사람이라고 여기는가'다. 간단히 말하면 자존감이다.

그럼 이제 나의 자존감은 얼마나 건강한지 체크해보자. 1은 가장 낮은 자존감 정도로 그야말로 바닥이고, 10은 '나는 정말 여러모로 참 괜찮은 사람'이라고 강한 자존감을 느끼는 정도라고 생각해보자. 이때 여러분의 자존감은 1~10 중 어디에 있는가?

참고로 자존감 레벨을 체크할 때는 '로젠버그 자존감 척도'를 사용하기도 한다. 긍정과 부정 문장이 섞여 있으므로 스스로에 대해 긍정적으로 생각하는 항목이 얼마나 되는지 확인해보자.

로젠버그 자존감 척도(Rosenberg self-esteem scale)

① 나는 대체로 '나'라는 사람에 대해서 만족한다.
② 내가 가치가 없는 사람이라는 생각이 가끔 든다.
③ 나에게는 좋은 부분이 꽤 있다.
④ 나는 다른 사람이 하는 정도로 잘할 수는 있다.
⑤ 나에게는 별로 자랑스러워할 것들이 없다.
⑥ 내가 쓸모없는 사람이라는 생각이 가끔 든다.
⑦ 나는 가치 있는 사람이라고 생각한다.
⑧ 내가 스스로를 더 존중해주면 좋겠다는 바람이 있다.
⑨ 전반적으로 나는 실패자란 생각이 든다.
⑩ 나는 내 자신에 대해 긍정적인 태도를 가지고 있다.

(Rosenberg, M. (1979). Conceiving the Self. New York: Basic Books.에서 응용)

우리 사회는 자존감을 마음껏 심어주는 사회라고 하기 어렵다. 그도 그럴 것이 어릴 때부터 줄을 세우는 식으로 내가 몇 등인지, 어느 동네, 어떤 집에 사는지를 따지고 비교하지 않는가. 게다가 우리는 타인의 외모마저 쉽게 평가한다. 그러다 보니 모든 게 탁월한 소수의 사람이 아니라면, 정도의 차이가 있을지언정 대부분 열등의식을 품고 자라게 된다.

자존감을 해치는 건 주로 비교에서 시작된다. 우리가 가진 다양한 자질을 타인과 비교함으로써 다른 사람들에 비해 뒤처진다는 느낌을 받기도 한다. 이때쯤 이걸 이루어야 하는데, 이때쯤 좋은 대학을 나오고 좋은 직장에 들어가서 집을 사고 결혼하고 애를 낳아야 하는데…. 때맞춰 다 해야 한다고 교육받았기에, 자신이 제때 성취를 이루지 못한다고 생각하면 자존감이 떨어질 수밖에 없다. 자존감이 낮아지기 시작하면 관계에 영향을 미치고, 당연히 아이와의 관계에도 영향을 준다.

자신에 대한 가치평가가 낮기 때문에, 현상을 해석하거나 다른 사람의 말을 들을 때 상대가 나를 무시한다거나 사람들이 나를 좋아하지 않는다고 해석한다. 이런 사람이 가진 근본적인 생각은 결국 '나는 사랑받지 못한다'는 생각이다.

특히 출산 후 육아휴직으로 집에만 있게 되었다면 자존감이 더욱 떨어질 수 있다. 이런 격한 역할 전환(role transition)의 순간에 해로운 생각이 틈탈 수 있다. 그건 바로 '아이를 잘 키워냄으로써 내 자존감을 회복해 봐야겠다'는 생각이다. 아이와 내가 '완전히 다른 객체'라는 개념이 흐려지고 경계가 모호해지면서, 마치 아이가 나의 연장인 것처럼 인식될 수 있다. 이때 무의식적으로 아이를 대리만족의 수단으로 여기게 될 수 있는데, 여기서부터 부모와 아이의 불행이 시작된다.

그래서 부모의 자존감이 중요하다. 자신의 자존감이 어느 정도

인지 먼저 파악하고, 자존감이 약하다면 이것을 직시하고 내 자존감을 더 건강하게 만드는 것을 우선순위로 두어야 한다.

나는 어떤 삶을 살고 싶은가

나에 대해 알아가는 데 있어 자존감 다음으로 빼놓을 수 없는 것이 내가 살면서 추구하는 가치를 아는 것이다.

'당신의 삶에서 중요한 가치는 무엇인가?'

우리가 살면서 잘 들어보지 못한 질문이지만 육아에 들어서기 전에 꼭 생각해봐야 하는 필수 질문이다.

이때 "대체 가치라는 게 뭡니까?"라는 의문이 먼저 생기기도 한다. 사전적으로 가치란 인간의 욕구나 관심의 대상 또는 목표가 되는 진, 선, 미 같은 것을 통틀어 이르는 말이다. 흔히 거론되는 가치로는 정직, 진실, 성실, 책임감, 기여, 배려, 공감, 성장 같은 개념들이 있다.

『아주 작은 습관의 힘』의 저자이자 미국의 권위 있는 자기계발 전문가인 제임스 클리어가 제시하는 가치 리스트는 다음과 같다. 이 가치 리스트에서 자신이 중요하게 생각하고 추구하는 것에 동그라미를 쳐보자. 우선순위도 매겨보자. 예를 들어 삶을 살면서 나를 가이드해줬던 가치라든가, 내가 별로 중요하게 생각하지는 않는 가치라든가. 여기서 가장 중요한 4~5가지가 내가 추구하는 핵심 가치라고 할 수 있다.

내가 추구하는 가치는 무엇인가?

진정성, 성취, 모험, 권위, 자율성, 균형, 아름다움, 용기, 공감력, 도전정신, 시민정신, 공동체정신, 역량, 기여, 독창성, 호기심, 결단력, 공정성, 믿음, 명성, 우정, 재미, 성장, 행복, 정직, 유머, 영향력, 내면의 조화, 정의, 친절, 지식, 리더십, 배움, 사랑, 충성도, 의미 있는 일, 개방성, 긍정성, 평화, 즐거움, 평정심, 인기, 인정, 종교, 평판, 존경, 책임, 안위, 자존감, 봉사, 영성, 안정성, 성공, 지위, 신뢰성, 부, 지혜

부모의 근본적 역할 중 하나는 아이들에게 삶을 살아가는 데 등대 같은 기준이 되어줄 가치를 가르쳐주는 것이다. 그러나 그전에 부모 자신의 가치부터 바로 세워야 한다. 내 아이에게 가르치고 싶은 가치를 부모가 먼저 가지고 추구해야 한다. 부모의 삶에서 묻어나는 중요한 가치는 아이에게 그대로 전달되기 때문이다. 예를 들어 '나는 책임감을 정말 중요하게 생각해. 그리고 신뢰성이 중요하지. 우리 아이는 맡은 일을 잘해내는 믿을 수 있는 사람이 되었으면 좋겠어'라고 생각한다면 부모 자신이 먼저 책임감과 신뢰를 우선순위에 두고

그것을 자신의 삶에서도 추구해야 한다. 자신은 그 가치를 무시하는 언행을 보이면서 아이를 가르치는 것은 모순일뿐더러, 가르침이 잘 전달될 수도 없기 때문이다.

다음으로 자신을 알아가는 과정에서 필요한 것이 자신의 장점을 아는 것이다.

미국에 있다가 한국에 오면 제일 크게 느끼는 차이는 타인의 잦은 지적이다. 옷은 왜 그러냐, 머리는 그게 뭐니, 살이 왜 이렇게 쪘니, 피부가 왜 그 모양이냐, 더 늙어 보인다…. 한국사람들은 이렇게 외모에서 시작해서 다른 영역에 대해서도 쉽게 지적한다.

그래서일까, 우리 사회에서 "당신의 단점이 뭡니까?"라고 물으면 많은 사람이 막힘없이 술술 답한다. 나는 키가 작다, 공부를 이 정도밖에 못한다, 우리 집안이 흙수저다…. 반대로 "당신의 강점이 뭡니까?"라고 물으면 말문이 딱 막힌다. 자신의 강점과 장점을 생각해보고 종이에 적어보라. 단점은 묻지 않겠다. 다들 너무 잘 알고 있기 때문이다. '이것 때문에 나는 부족해'라고만 말하는 것이 아니라 '나의 이런 점은 참 좋은 부분이고 나의 강점이야'라고 말할 수 있어야 한다.

"난 장점이 없어요. 정말 잘하는 게 하나도 없어요."

이렇게 말하는 사람은 잘못 인식하고 있는 것이다. 우리는 모두 장단점을 가지고 있다. 그런데 단점은 말할 수 있으면서 왜 장점은 모르겠을까? 우리 부모가, 우리 교사들이, 우리 사회가 우리의 장점을 칭찬하기보다 단점을 지적하는 경우가 많았고, 우리 자신도 그런 환경에 익숙해졌기 때문이다.

단점을 지적하는 환경에 익숙해진 부모가 과연 자녀의 장점을 찾아낼 수 있을까? 자기 자신의 장점도 못 찾는데 말이다. 자신이 들어본 적 없는 칭찬을 자녀에게 해주기가 힘들 것이다. '나는 이 정도면 참 괜찮은 사람이야'라는 생각을 가진 부모라야 아이들한테도 그런 마음을 심어줄 수 있다.

누구나 장점을 가지고 있음에도, 우리는 공부를 잘하고 영어도 잘하고 돈도 잘 버는 등, 쉽게 측정할 수 있는 것들만 장점이라고 생각한다. 그래서 장점이 하나도 없다고 느낀다.

장점에는 쉽게 눈에 띄지 않는 것들도 많다. 대인관계가 좋을 수도 있고, 공감력이 클 수도 있고, 노래를 잘할 수도 있고, 운동신경이 뛰어날 수도 있고, 남을 잘 도와주는 사람일 수도 있다. 인간의 장점은 어쩌면 세상 사람의 수만큼이나 많을 것이다. 그래도 잘 모르겠다면 자신을 잘 아는 가족이나 친구한테 물어볼 수도 있다. "내 장점이 뭐야? 나는 뭘 잘하는 것 같아?"라고 물어보자. 자기 자신의 장점을 찾고 스스로 칭찬도 해주자. 그런 다음에야 소중한 우리 아이의 숨겨진 장점도 보이기 시작한다.

아이와 함께
성장하는 게 육아다

이렇게 자기 자신을 파악해보았다면 이제 궁극적인 질문을 할 차례다. 이것은 미국의 성직자이자 『목적을 이끄는 삶』의 저자 릭 워런(Rick Warren)이 던진 질문이기도 하다.

"나는 나에게 주어진 것으로 무엇을 할 것인가?(What are you going to do, with what you've been givien?)"

바로 삶에 관한 질문이다. 즉 나의 장단점과 내가 추구하는 가치, 내가 겪어 온 경험(상처까지 포함해서) 등, 나에게 주어진 것을 가지고 무엇을 하며 어떻게 살아갈 것인가를 생각해야 한다. 이 질문을 스스로에게 먼저 한 다음, 자녀도 이 질문에 대답할 수 있는 사람으로 키워야 한다.

아이를 키우다 보면 자신에 대해 생각할 여유가 없다는 부모가 많다. 하지만 아이를 키우는 부모들도 이제 30~40대 정도 되었을 것이다. 앞으로 부모들이 살아갈 인생도 50년에서 60년이 더 남았다. 아기를 낳고 나서 자신의 인생은 거의 결판 났으니, 이제 자녀의 인생에 승패를 걸어야 한다고 생각하는 것은 금물이다. 이렇게 생각하다 보면 '한물간 나를 다 갈아 넣어서 아이의 삶을 풍족하게 만들어야지'라는, 아이를 자주적이고 독립적인 성인으로 기르는 데 해가 되는 생각을 품기 쉽다. 아이를 키우면서 부모가 함께 성장한다고 생각해야 한다.

'나에게 주어진 것으로 나는 무엇을 하려고 하는가?'

오늘부터 이 질문을 생각하고 나의 대답을 적어보자. 소크라테스는 성찰하지 않는 삶은 살 가치가 없다고 말할 정도로 성찰의 중요성을 강조했다. 실로, 자기를 성찰하고 단단히 세우지 않은 부모가 아이에게 가치를 제대로 가르쳐 주체적인 성인이 되도록 키우기는 쉽지 않다. 그러므로 자신의 삶을 '포기'하고 아이에게 집중하겠다는 것은 육아의 출발점을 잘못 잡는 것과 같다.

자신이 원하는 커리어를 쌓아가면서 살아온 30대 초반의 기혼 여성이 임신을 하게 되면서 커리어와 육아 사이에서 고민하는 것을 보았다.

"아이를 위해서 직장을 그만두어야 할까요? 직장을 다니면서 아이를 잘 기를 수 있을까요? 전 제 일도 중요하거든요."

일하는 엄마들의 빼놓을 수 없는 고민이다. 그리고 많은 워킹맘은 어느 정도의 죄책감을 짊어지고 있다. 아이 곁에서 더 많은 시간을 보내고 관심을 주어야 하는데 그렇게 못한다는.

나는 그런 엄마들에게 말한다.

"엄마가 행복해야 아이가 행복합니다. 엄마의 마음이 흐르는 대로 하세요."(자신의 진심을 잘 모르겠는 사람은 나의 이전 책 『마음이 흐르는 대로』를 읽어보기를 추천한다.)

　자신이 커리어우먼으로 일에서 성취를 이룰 때 더 행복하다면 그 길이 맞다. 자신이 일보다 아이 곁에서 시간을 많이 보내는 것이 더 행복하다면 그 길이 맞다.

　앞의 예비 엄마의 경우, 자신의 일이 좋고 보람 있었는데, 단지 육아에 전념해야 한다는 책임감만으로 직장을 그만두었다고 생각해보자. 그러면 일을 그만두고 집에서 육아를 하는 동안 '경단녀'가 되었다는 억울함과 '내 능력은 다 어쩌고 집에서 애만 보고 있지? 이제 일로 돌아가지 못하는 것 아닌가' 하는 불안과 원망이 쌓일 수밖에 없다. 그러다 보면 우울감마저 올 수 있고, 은근히 '내가 이렇게 희생하는데 너는 그 정도도 못해?' 하는 마음이 아이를 향해 분출될 수도 있다.

　워킹맘이든 전업맘이든 절대 자신을 갈아 넣어 아이의 삶을 풍성하게 하겠다는 생각은 금물이라고 나는 항상 말한다. 가장 좋은 방향은 내가 내 삶을 풍성하게 살아가면서 육아를 함께하는 것이다. 물론 부모로서 어느 정도의 희생은 당연히 필요하다. 그러나 나의 삶을 다 포기하고 밀착 육아를 하면서 아이의 삶을 설계하는 것은 아이도 바라는 바가 아닐뿐더러 아이를 독립적이고 자주적인 성인으로 기르는 데 걸림돌이 될 뿐이다.

아이의 눈에
행복한 어른이 되자

이렇게 한번 생각해보자. 아이의 눈에 나는 행복한 엄마, 행복한 아빠인가? 아이의 눈으로 봤을 때 '내가 어른이 되면 엄마 같은 사람이 되고 싶어'라고 생각할까? 부모 자신의 삶이 전혀 없이 자녀에게만 전전긍긍하는 삶을 보고 아이가 '나도 저런 부모가 되고 싶어'라고 하는 경우는 없을 것이다. 오히려 "나는 우리 부모 같은 부모가 되고 싶지 않아요"라는 말을 더 많이 듣는다. 특히 밀착 육아를 받은 자녀는 더더욱 이런 마음이 든다.

'나는 엄마처럼 살고 싶지 않아. 저렇게 하는 것이 부모의 역할이라면 나는 부모가 되고 싶지 않아.'

얼마 전 미국 친구들을 만나 내가 한국에서 하고 있는 육아 강의에 대해 말해주었다. 한국에서 주로 소비되는 육아 강의나 서적은 '어떻게 아이를 똑똑하고 공부 잘하게 키울까? 어떻게 해야 내 아이를 명문대에 보낼까?' 같은 질문에 답하는 것인데, 나는 그 반대의 것을 말하려고 한다고, 그런 것이 부모 역할이 아니라고, 육아의 본질은 아이를 사랑하고 아이가 살아가는 데 필요한 가치를 보여주고 가르치는 것이라고 강의한다고. 그러자 한 친구가 물었다.

"그런데, 너의 강의들에 호응이 괜찮아?"

"응, 호응이 매우 좋아. 부모님들이 사실 이런 강의를 원하고 있었던 것 같아."

"왜 그럴까?"

그 대화를 듣고 있던 다른 친구가 말했다.

"아마 지금 젊은 부모들은 자신들이 기존의 방식으로 길러졌는데, 막상 성인이 돼 보니까 부모가 시키는 대로 했던 것들이 정작 내 삶에 별로 도움이 되지 않는다는 것을 깨달아서가 아닐까? 그리고 자신도 그런 부모가 되어 되풀이하는 게 싫기 때문이 아닐까?"

바로 그렇다고 생각한다. 이제 30대인 부모들은 부모의 희생과 밀착 육아를 온몸으로 경험한 바로 그 세대다. 부모와 자신이 많은 것을 희생해서 여기까지 왔는데, 행복감이 낮은 바로 그 젊은이들이다. 자신의 부모와 같은 부모가 되고 싶지 않은 바로 그 자녀들이다.

부모로서의 내 모습은 우리 아이가 미래에 되고 싶은 부모상일까? 대체 어떤 부모상이 좋은 부모상일까? 간단하다. 자신의 삶을 독립적이고 자주적으로 이끌어가는 성인상을 보여주면 된다. 자신의 삶을 스스로 개척하면서 행복해하는 모습을 보여주면 된다. 우리 아이가 되길 바라는 성인상을 바로 내가 보여주면 된다. 그것은 절대 나를 갈아서 아이의 삶에 바치는 성인상이 아님을 꼭 기억하기 바란다.

부모 연습　나를 바라보기

부모 자신을 먼저 알아야 육아의 방향이 정해진다. 어떤 사람이 되고 싶은지, 어떻게 살고 싶은지를 생각해보고 적어보자.

Q 나의 자존감 레벨은 어디인가? (1부터 10까지 표시해보세요.)

Q 나는 어떤 사람이 되고 싶은가?

Q 나는 나에게 주어진 것으로 무엇을 하고 싶은가?

육아의

⋮

최종
목적지

아이가
자신의 배를 띄울 때까지

자기를 돌아보는 시간을 가졌다면 이제 아이를 들여다볼 차례다. 육아하는 기간이 짧다고 생각하는 사람은 거의 없을 것이다. 육아의 길은 길고도 길다. 그 긴 여정을 갈 때 제일 먼저 해야 하는 게 뭘까? 일단 목적지가 정확하게 어디인지를 알아야 한다. 육아라는 수십 년의 길을 가면서 목적지를 모르고 가면 실컷 키워놓고 '여기가 아닌가 봐' 하는 사태가 발생한다. 얼마나 억울하고 허망하겠는가.

그럼 육아의 최종 목적지는 무엇인가? 그건 바로 다음의 질문이다.

'내 아이를 어떤 성인으로 키우고 싶은가?'

많은 부모가 한번쯤 생각해봤을 것이다. 부모들 말을 들어보면 아이가 행복한 사람이 되었으면 좋겠다는 바람을 많이 말한다. 그다음에 자기 앞가림 잘하는 사람, 돈 잘 버는 사람. 성공한 사람 등 다양한 이야기가 나온다. 부모마다 다양한 바람이 있을 수 있겠지만 소아정신과 의사로서 아이의 발달과 성장을 고려했을 때 이 질문에는 정답이 있다.

우리가 자녀를 키우는 궁극적인 목적은 자녀가 주도적이고 독립적인 성인으로 자라게 하는 것이다. 한마디로 말하면 '자립'이다.

그럼 행복은 어떻게 얻는가? 그건 아이가 찾아가는 것이다. 부모가 아이를 행복하게 만들어주는 게 아니다. 돈은 어떻게 얻는가? 그것도 아이가 버는 것이다. 자기 삶을 잘 개척하는 것? 그것도 아이가 해야 할 일이다. 부모가 해야 할 일은 아이가 독립적이고 주도적인 사람이 되도록 키우는 것일 뿐. 이것을 명심해야 한다.

 인생을 항해에 흔히 비유한다. 우리 삶은 한 사람 한 사람이 자기 배의 선장이 되어 망망대해를 항해해나가는 것과 같다. 내 배의 선장은 남편도 아니고 우리 부모도 아니고 우리 아이도 아니다. 아이를 낳았다면 그 아이들이 내 배에서 큰다. 내가 젖 먹이고 밥 먹여 키운다. 그러나 언제까지고 내 배에 계속 태우고 살 수는 없다. 그렇다고 아이가 자라서 내 배에 계속 붙어서 나한테 뭘 주는 것도 옳지 않다. 성인이 되면 아이 자신의 배를 띄워야 한다. 그리고 아이가 그 배의 선장이 되어야 한다.

 "나는 아이들이랑 정말 끈끈한 관계를 갖고 싶어요."

 이런 생각으로 애들을 낳아서 자녀의 배들을 줄줄이 내 배 옆에 달아놓으면 어떻게 될까? 서로 부딪힌다. 아이들이 자기 갈 길을 못 가고 부모도 아이도 헤매게 된다. 아이가 스스로 배를 띄워 제 길로 항해해 나가지 못하고 부모 길을 계속 따라가려고 한다거나, 성인이 되었는데도 독립적이지 못하고 의존적이라면 육아의 최종 목적지에 다다르지 못한 것이다. 인정하고 싶지 않겠지만 실패한 육아라 할 수 있다. 물론 발달 단계에 따라 부모가 할 일이 있지만, 궁극적으로 아이가 성인이 되었을 때 자기 배를 띄워 잘 항해하게 된다면 부모는 육아에 성공한 것이다. 따라서 육아에 있어 어떤 판단을 할 때든 '이게 이 아이가 궁극적으로 자립해서 나아가는 데 도움이 되는가, 아닌가?'라는 질문을 던져봐야 한다.

아이는
미래에서 온 사람이다

그럼 아이를 어떻게 길러야 자기 배를 타고 잘 나아갈 수 있을까? 우리 부모들은 지금 한창 사회생활을 하고 인생을 열심히 살아가는 나이라고 할 수 있다. 그럼 아이가 내 나이 될 때는 몇 년인가? 2022년인 지금 40대인 부모라면 2050~2060년대에 아이가 40대가 되어, 이제 사회의 주도적 구성원으로 활동을 시작할 것이다. 2050년 이후에 세상이 어떻게 바뀔지 한번 상상해보라. 당신은 아이의 주 무대가 될 2050~2080년대의 산업구조, 직업 구조, 삶의 질을 정하는 요소들, 주요 사회문제 등을 예측할 수 있는가? 가슴에 손을 얹고 눈을 감고, 그 시대를 머릿속에 그려보라. 자신이 그때를 예측하는 능력에 얼마나 자신 있는가? 70%, 50%, 30%, 10%? 그 미래에는 로봇이 인간과 함께 걸어 다닐 수도 있고 자율주행이 일상화됐을 수도 있다. 우리 아이들이 2080년대, 2090년대 2100년대까지 살 수도 있다. 그때는 날아다니는 자동차가 나온다고 해도 이상한 일이 아닐 것이다.

우리 부모가 어린 시절에 비해 20년 30년 만에 지금 세상이 얼마나 바뀌었는지 생각해보라. 내가 어린 시절에는 휴대폰, 인터넷이란 게 아예 존재하지도 않았다. 심지어 세상은 갈수록 더 급속도로 변하고 있다. 말 그대로 격변하고 있다. 우리가 아이를 배에 띄워서 보낼 때 그 배와 바다의 상황이 지금과 같다고 생각한다면 매우 우매한 생각이 아닐 수 없다. 1970~1980년대에 태어난 지금의 부모는 상상하기도 힘든, 전혀 다른 세상을 우리 아이들은 살아갈 것이라는 것을 명심해야 한다.

부모인 내가 자녀들의 미래를 잘 예측해서 완벽 가이드를 해줄 수 있는 입장이 아니라는 것은 이쯤에서 명확해졌기를 바란다. 그러면 누가 가이드해줄 수 있을까? 선생님들일까? 유능한 입시 코치들일까? 미래학 전문가들일까? 이렇게 상상하기도 힘든 미래를 가장 잘 예측하고 개척해 나갈 수 있는 사람은 정말 누구일까?

그렇다, 우리 아이들이 살아갈 격변하는 미래를 가장 잘 예측하고 적응해서 개척해 나갈 수 있는 사람은 그 미래를 주도적으로 살아갈 우리 아이들 자신이다!

그런데 안타깝게도 이를 생각하지 못하고, 아이들이 살아갈 미래도 자신이 살아온 과거나 지금과 같을 거라는 착각에 빠진 부모가 많다. 그리고 이렇게 말한다.

"내가 살아봐서 아는데 말이지, 직업은 의사, 변호사, 공무원이 최고더라."

"네 나이대로 다시 돌아간다면 엄마는 열심히 공부해서 더 좋은 대학 갈 거야. 너도 후회하지 않으려면 열심히 공부해."

2050~2090년대를 살아갈 아이들에게, 2020년대를 살고 있는 부모가 1980년대로 돌아가면 이렇게 살 거라는 말이 무슨 의미가 있는가. 부모가 아이보다 아이의 인생을 더 잘 안다는 말을 정말 할 수 있을까? 지금도 새로운 기술 앞에서, 키오스크나 새로운 어플리케이션 앞에서 아이들보다 더 헤매지 않는가.

과거 100년 동안에 있었을 만한 변화가 이제는 10년 만에 이루어지는 것을 감안하면, 이런 상황은 마치 조선시대 사람이 현대 시대에 와서 "내가 해 봐서 아는데, 달구벌에서 한양을 가는 가장 좋은 방법은 튼실하고 날쌘 말을 구해 타고 가는 것이오. 해본 경험이 있는 내 말을 꼭 들으시오. 아니면 후회할 것이오"라고 조언하는 모양과 다르지 않다.

우리 아이들은 미래를 살 사람들이다. 그래서 아이들은 어른들이 생각하지 않는 '이상한' 생각을 할 수도 있다. 부모가 보기에는 현대인이 조선시대 사람에게 "저는 서울에 KTX를 타고 갈 거예요"라고 하는 것처럼 이상하게 들릴 수도 있다. 거기에 대해 부모가 "무슨 말도 되지도 않는 생각을 하냐"라고 해서는 안 되는 것이다. 아이가 나는 이해할 수 없는 생각이나 행동을 한다면 이렇게 생각하라.

'아, 이 아이는 미래에서 온 아이지.'

아이는 당연히 부모와 생각이 다르다. 부모들은 아이보다 오래 살았다는 이유로 자신이 맞는다고 생각한다. 하지만 부모는 미래가 아니라 과거를 살았다는 걸 간과한다. 아이보다 더 잘 안다는 생각을 버려라. 왜냐하면 아이들이 부모보다 미래를 더 잘 알기 때문이다.

부모가 아이보다 더 잘 아는 게 한 가지 있다. 바로 삶을 살아가는 데 근본이 되는 중요한 가치다. 부모가 가진 이런 삶의 가치를 아이에게 물려주면서 가르쳐주는 건 좋다. 그러나 어떤 길을 가야 하는지, 어떤 직업이 좋고 어떤 공부를 해야 하는지, 부모가 아는 대로 아이가 따라 하게 만든다면 미래에는 기대한 것과 전혀 다른 결과가 나타날 수 있다.

이것을 나는 '미래 소년(소녀) 요법'이라고 부른다. 핵심은 아이와 부모 생각이 다를 때 부모 생각이 맞다고 주장하고 일방적으로 관철시키는 오류를 버리는 것이다. 아이와 같이 의논하고 생각해봐야 한다. 우리 아이들이 살 세상은 미래이고 우리 아이는 미래에서 온 아이다. 미래 소년/소녀의 삶은 바로 그 미래에서 온 그들이 가장 잘 안다는 것을 잊지 말자.

세계로 갈 아이를
한국 현실에 맞춘다?

많은 부모가 자신들이 공부하던 1980, 1990년대 혹은 2000년대 방식대로 아이를 교육한다. 앞에서 보았듯이 이는 절대 현명하지 않다. 또 어떤 부모는 자신의 방법이 부적절하다는 사실을 알면서도 그것을 멈추지 못한다. 그 원인은 불안 때문이다. 다른 집 애들은 다 여러 가지 입시 위주 사교육을 받고 있는데 우리 아이만 다른 것을 하고 있으면 뒤처질 것 같아서 불안하다. 다른 아이들은 하루 열 시간씩 공부하는데 우리 아이만 몇 시간씩 놀게 하면 소위 말해 '루저(낙오자)'가 될까 봐 두렵다. 많은 부모가 불안에 잠식당한다. 그러고는 이렇게 말한다.

"한국 사회에서는 이렇게 키울 수밖에 없어요. 입시교육을 무시할 수 없어요. 현실이 그래요."

미국에서 살고 있는 내가 한국 실정을 잘 모르고 이상적인 얘기만 늘어놓는다고 생각하는 부모도 있을 것이다. 그런데 나는 여기서 '한국 사회'라는 말은 빼놓고 생각해보았으면 좋겠다.

지금 우리 부모들은 한국에 살고 있고, 한국에서 일어나는 현상을 아주 당연하게 받아들일 것이다. 하지만 우리 아이들은 다르다. 미래의 아이들은 국적은 한국이지만 세계 속에 살게 될 것이다. 우리는 "고향이 어디에요?"라고 물으면 "대구예요", "광주예요"라고 대답하지만 우리 아이들은 "고향이 어디에요?"라고 물으면 "한국이에요", "이탈리아예요"라고 말하는 세상을 살 것이다.

사실 미국에서만 해도 세계 각국에서 온 사람이 많기 때문에 "Where are you from?(고향이 어디세요?)"이라고 하면 국가를 대는 경우가 허다하다. 나는 물론 "I'm from Korea(한국이에요)."라고 대답한다. 우리 아이들이 살아갈 글로벌한 미래 세상에서 "한국에서는 이렇게 해요"라는 말은 마치 "대구에서는 이렇게 해요"라는 말처럼 단편적이고 협소하게 들릴 것이다. 우리 아이들은 한국이 고향인 세계인이 될 것이라는 것을 간과하지 말자.

미국 대학에 몸담고 있다 보니 한국 유학생들을 많이 접하게 된다. 이들은 한국에서 소위 엘리트 코스를 밟아 미국 유수의 대학에서 석박사 과정을 하러 온 경우가 많다. 한국에서 받은 고도의 입시 훈련 덕분에 학업 성적은 나름 잘 나오지만 미국에서 취업에 성공하는 경우는 흔하지 않다. 취업을 하더라도 리더십이 있는 자리에까지 이르는 경우는 더 드물다. 물론 한국에서 활동하려는 계획이 있는 사람들도 있겠지만, 세계 무대에서 더 성장하기 위해 필요한 재능이 잘 길러지지 않은 경우도 자주 볼 수 있다.

나는 내 조카들에게 '어떤 직업을 가져라, 말라'는 말은 하지 않지만, "너희들이 무엇을 하건 항상 세계를 무대로 생각하기를 바라"

라고 말한다. 빵집을 하든 옷 가게를 하든 세무사를 하든 세계로 나갈 생각을 하라고 권한다. 그래야 더 많은 기회가 있고, 더 큰 성장을 할 것이기 때문이다.

그러므로 부모부터 생각의 틀을 깨고 나와야 한다. 부모부터 더 넓은 미래 세상을 바라봐야 한다. 눈을 세계로 돌려야 한다. '한국 방식'대로 한다는 개념은 점차 희미해질 것이기 때문이다. 지금은 한국에서 공부 잘하고 좋은 대학에 가면 완벽한 것처럼 보이지만, 이도 점차 허상이라는 것이 나타나고 있다. 한국 실정에 맞추느라 세계 무대에서 적응하지 못하는 성인으로 키운다면 아이의 삶의 범위를 제한하는 꼴이 된다.

불안 때문에
이대로 계속 간다면?

지금까지 많은 부모가 불안에 휩싸인 나머지 근시안적인 육아를 하고 입시교육에 몰입한 결과는 어떤가? 우리나라 사람들의 행복도가 생활 수준에 비해 월등히 낮다는 것은 잘 알려져 있다. 유엔이 설립한 비영리 단체 '지속 가능한 개발 솔루션 네트워크(SDSN)'가 2022년에 발표한 '세계 행복도 보고서(World Happiness Report)'에 따르면 행복도 순위에서 한국은 전세계 150여개 조사국 중 59위에 그쳤다.

이는 빈곤 국가들도 상당수 포함된 것을 고려하면 매우 낮다. 38개 OECD 회원국 중에서는 36위로 그야말로 바닥 수준이었다. 반면에 자살율은 OECD 국가 중에는 단연 1위를 차지하고 있다. 보통 1위도 아니고 평균의 2배가 넘는 독보적인 수치의 1위다.

보건복지부에 따르면 우리나라 자살률은 2020년 기준 10만 명당 25.7명으로 OECD 회원국 평균(11.0명)의 2.5배 수준이다. 놀랍게도, 2020년 우리나라의 자살율은 같은 해 미국의 자살율(10만 명당 14명)과 타살율 (10만 명당 7.5명)을 합한 숫자 (21.5)보다 더 높다(미국 질병관리센터). 총기 사건이 만연하고 치안이 우리나라 보다 훨씬 불안하다고 느껴지는 미국 사회에서 총기 관련 사고로 인한 사망율(자살 제외)은 2020년 기준10만 명당 6.1명으로, 우리나라에 살면서 자살로 생명을 잃을 확률이 미국에서 총기 사고를 당해 사망할 확률보다 4배 이상 더 높다는 것으로, 가히 충격적인 숫자다. 이렇게 엄청나게 높은 우리나라의 자살율은 실로 우리 사회의 오명이라 하겠다.

인구가 유지되는 합계출산율(한 여자가 가임기간에 낳을 것으로 기대되는 평균 출생아 수) 기준은 2.1명인데, 우리나라의 합계출산율은 2022년 상반기 0.81명에 불과하다. 인구절벽, 인구 위기 등의 단어가 실감나는 사회가 되었다. 우리나라가 이룬 게 많은데도 불구하고 행복도, 자살율, 출산율은 의아할 정도로 처참한 수준이다. 도대체 어디서부터 무엇이 잘못된 것일까?

세상을 살아가면서 내가 느끼는 감정과 내가 하는 행동들은 근본적으로 나의 생각에 근간을 두고 있다. 그중에서도 가장 뿌리 깊은 생각과 믿음을 '핵심 신념(core beliefs)'이라고 한다. 그리고 이 핵심 신념에는 세 가지 큰 카테고리가 있다. 나, 다른 사람, 세상(미래)에 대한 핵심 신념이다.

더 쉽게 이해하기 위해, 좀 극단적인 두 사람(A, B)을 가정해보자.

핵심 신념	나	다른 사람	세상(미래)	감정	행동(결과)
A	나는 참 괜찮은 사람이다. 사랑받을 만한 사람이다.	사람들은 대체로 믿을 만하다. 좋은 사람들이 더 많다.	세상은 살 만한 곳이다. 나의 미래는 밝다.	희망적이다. 기대에 차 있다. 즐겁다. 행복하다.	도전적이다. 서로 돕는다. 기여한다. 감사한다.
B	나는 참 못난 사람이다. 아무도 나를 사랑하지 않는다.	세상에 믿을 놈 하나 없다. 방심하면 눈 뜨고 코 베일 수 있다.	세상은 괴로운 곳이다. 나의 미래는 암울하다.	불안하다. 우울하다. 억울하다. 슬프다.	폐쇄적이다. 회피적이다. 나의 이익을 지키는 데 집착한다. 원망한다.

앞의 예에서 A의 경우 삶의 만족도와 행복도가 높고, 따라서 좋은 세상에 자녀를 낳아 행복하게 기르고 싶은 욕구도 상대적으로 클 것이다. 반면에 B의 경우 삶의 만족도와 행복도가 낮고, 불안감이나 우울감이 비교적 높을 것이다. 또 이렇게 자기 자신도 싫고 세상도 싫은데 자신과 닮은 자녀를 낳고 싶을 가능성은 상대적으로 작을 것이다.(물론 이는 이해를 돕기 위해 매우 극단적인 경우를 도면화해본 것이다.)

우리 자녀들을 핵심 신념이 건강한 성인으로 기를 수 있다면, 우리 사회의 생존에 위협을 주는 최저 행복도, 최고 자살율, 최저 출산율 같은 심각한 당면 문제들의 근원을 개선할 수 있다고 나는 믿는다. (핵심 신념에 관해서는 뒤에서 좀 더 다루겠다.)

현실이 그렇다?
부모의 욕심이다!

부모는 아이를 목숨같이 사랑한다. 아이를 키울 때 늘 아이에게 가장 필요한 것이 무엇일까 고민한다. 그래서 "너를 위한 거야"라고 수없이 말한다. 아이를 억지로 붙잡고 공부를 강요한다.
여기서 부모는 아이를 위한다며 하는 것들이, 혹시 아이와 자신을 동일시하는 데서 나오지 않는지 점검해보아야 한다. 지금은 내 곁에 있는 아이지만 머지않아 자기 세상으로 나갈 아이다. 아이는 내가 아니다. 그런데 아이가 뭘 잘하면 그게 자기 자랑이 되고, 반대로 아이가 뭘 못하면 어디 가서 아이 얘기를 못 하겠다고 한다. 아이가 나를 우쭐하게 해주고, 반대로 아이가 나를 창피하게 만든다고 생각한다.

과연 정말 아이를 위해 그러는 건지 가슴에 손을 얹고 생각해보라. 아이가 잘해야 부모 자신이 남보다 우월해질 수 있으니까, 아이 자랑으로 내 부족한 자존감을 메우기 위해 그러는 것은 아닌지 말이다. 혹은 부모 스스로가 불안하니까 자신의 마음을 편하게 하려고 그러는 것은 아닌지도 냉정하게 생각해봐야 한다. 실제로 이렇게 고백해오는 부모가 많다.

"제가 아이를 위한다는 명목으로 그랬는데 보니까 그냥 제 욕심이었던 것 같아요."

"내가 그냥 내 마음 편하자고 그랬던 것 같아요."

내가 더 나아지고 싶다면 내가 뿌듯해할 수 있는 일을 찾아 자기계발을 하거나 봉사를 하거나 취미 활동을 해보길 바란다. 아이 때문에 우쭐해하고 아이 때문에 창피해하는 것은 건강한 관계가 아니다. 이런 관계의 구조를 하루라도 빨리 깨야 한다. 아이를 부모 욕심의 희생양으로 만들지 말아야 한다. 앞에서 육아의 최종 목적지는 자립이라고 했다. 나와 내 자녀가 정신적, 물리적으로 분리되어 적절한 거리를 유지하지 못하면 육아는 실패한 것이란 걸 명심하자. 나도 아이도 그 고생을 했는데 결국 잘못된 목적지에 도달한다.

우리 사회가 아무리 이룬 게 많아도 우리의 다음 세대인 아이들이 행복하지 않다면 정말 많이 이룬 것일까. 이제라도 우리는 바뀌어야 하고, 바뀔 수 있다고 믿는다. 우리가 얼마나 현명한 민족인가. 한강의 기적이라는 경제발전의 기적을 이루었고, 이제는 경제뿐만 아니라 과학 기술, 문화 산업 등 다양한 분야에서 세계의 리더가 되고 있다. 20년 전 내가 처음 미국에 갔을 때처럼 중국 또는 일본인으로 오인받던 시절은 이제 지났다. 지금은 BTS, 블랙핑크 같은 K-pop 그룹들, 〈미나리〉, 〈기생충〉, 〈오징어 게임〉 같은 한국 영화와 드라마들이 미국인의 방 안에서도 날마다 소비되고 있는 시대다.

이 시점에서 우리 사회가 내면도 건강한 사회가 된다면 앞으로 세계 정상급 리더가 될 것이라 확신한다. 하지만 잘못된 육아와 교육으로 건강하지 못한 핵심 신념을 가진 청년들을 계속해서 길러낸다면, 우리 사회의 미래가 심히 우려된다. 나는 지금 우리 사회가 흥망과 성패의 기로에 있다고 본다.

진정으로 아이들을 위한 육아법, 미래에 준비된 주체적인 성인으로 기르는 육아법을 이제라도 깨우칠 수 있다. 그리고 깨친 후에는 그에 따라 행동을 바꿀 용기를 내야 한다. 그럼 어떻게 우리 아이를 키워야 할지, 이제부터 구체적으로 알아보도록 하자.

| 부모 연습 | 아이 바라보기 |

우리 아이들은 미래에서 왔다. 그들의 미래를 알아보자.

Q 아이가 나의 나이가 되는 해의 연도는?

Q 그때 가장 선호하는 직업들은 무엇일 것 같은가?

Q 그때 가장 심각한 사회 문제들은 무엇일 것 같은가?

Q 나는 이런 나의 예측에 얼마나 자신이 있는가, 확신하는가?
(0%~100%로 답해보자.)

Q 아이가 어떤 어른이 되었으면 좋겠는가?

핵심 신념은 이를 통해 내가 현상을 보고 해석하는 렌즈와 같다. 나의 핵심 신념은 얼마나 건강한지 알아보자.

Q 당신의 핵심 신념은 어떠한가?

- 자신에 대해:
- 다른 사람에 대해:
- 세상에 대해:
- 미래에 대해:

Q 아이의 핵심 신념은 어떠한가?

- 자신에 대해:
- 다른 사람에 대해:
- 세상에 대해:
- 미래에 대해:

아이를 키우는 최종 목표는 독립적으로 자기 삶을 살아갈 힘을 키워주는 것이다. 먼저 아이를 어떤 어른으로 키우고 싶은지 생각해보고, 아이의 관심과 흥미를 파악해 주체적인 어른이 되도록 도와주자.

Q 어떤 성인으로 키우고 싶은가?

Q 아이가 관심을 가지는 것과 흥미를 느끼는 것은 무엇인가?

육아의
기본 원칙

⋮

밥 짓기
요법

기본 원칙을
지키고 있는가

많은 부모가 나에게 질문해온다. 아이가 이러이러한 상황인데, 혹은 이렇게 행동했는데 어떻게 해야 할지 모르겠다는 것이다. 예를 들면 이런 질문들이다.

"아이가 떼쓰며 울 때는 어떻게 해야 하나요?", "스마트폰은 몇 시간이나 보여주어야 맞나요?", "선행학습을 시킬까요, 말까요?", "영어 유치원을 보낼까요?"

아이가 다 다른 만큼 부모들은 저마다 다른 고민을 가지고 있다. 하루에도 여러 가지 상황에 맞서 부모는 걱정스럽고 때론 당황스러워 누군가가 답을 주었으면 하는 마음이다. 그런 질문에 대답해주는 전문가도 굉장히 많다. 그런 상황 하나하나에 답하는 것도 중요하지만 나는 어떤 질문을 받든 우선 이렇게 묻는다.

"기본 원칙을 잘하고 계십니까?"

만약 대답이 "예"라면 "그 상황에서는 부모님 마음 가는 대로 하시면 됩니다. 이런 일 하나하나 때문에 아이가 망하고 흥하는 게 아닙니다"라고 답한다. 반면 부모가 "기본 원칙이 뭐죠?" 또는 "아, 지금 잘하고 있는지 모르겠어요"라고 말하면 "기본 원칙부터 제대로 하셔야지 이건 그렇게 중요한 게 아니에요"라고 답한다. 그만큼 기본 원칙을 잘 행하는 것이 필수적이다.

그렇다면 기본 원칙이라는 게 과연 뭘까? 그것은 내가 '밥 짓기 요법'이라고 부르는 것이다.

전기밥솥이 아니라 냄비에 밥을 짓는다고 해보자. 밥 지을 때 필요한 게 뭔가? 우선 쌀이 필요하고 물을 잘 맞춰야 한다. 너무 많아도 너무 적어도 안 된다. 그다음에 불이 안 꺼지게 해줘야 한다. 자, 그럼 이 이상 더 필요한 게 있는가? 없다. 여기에다 뭘 더 넣는다고 해서 좋은 밥이 될까? 오히려 밥을 망친다.

육아는 밥 짓기와 같다. 쌀이 아이라고 했을 때 '밥이 잘되게 하는 물과 불이 뭘까?'를 생각해보라. 우리가 아이가 있으면 본능적으로 나오는 게 뭔가? 사랑이다. 그건 저절로 나온다. 그리고 아무 힘도 없는 조그마한 아이가 태어나면 부모한테서 저절로 나오는 반응은 뭔가? 바로 보호본능이다. 이것은 매우 특이한 경우를 제외하고는 노력하지 않아도 나온다.

사랑과 보호가 바로 물이다. 물론 주의해야 할 것은 있다. 물이 많으면 밥이 죽이 되듯 보호가 과하면 아이를 망친다. 쌀이 충분히 잠길 정도로 사랑을 충분히 주되 과보호가 되지 않게 주의해야 한다.

그다음에 필요한 것이 불이다. 불이 안 꺼지게 해줘야 한다. 사랑과 보호만 해주면 아이가 어른이 되는 게 아니다. 여기서 부모의 역량이 나오는 것이다. 많은 사람이 '교육을 해야 제대로 된 성인이 되지'라고 생각할 것이다. 그런데 내가 말하는 교육의 개념은 학업적 교육(education)이라기보다는 가르침(teaching)이다. 부모는 국영수를 교육하는 데 집중할 것이 아니라 살아가는 가치와 마음자세를 가르치는 데 집중해야 한다.

앞서 부모가 아이에게 물려줄 수 있는 것이 자신의 가치라고 했다. 아이의 삶에 있어 다른 건 부모가 정해줄 수 없지만 가치를 아이에게 가르쳐줄 수 있고, 사실은 그것이 부모의 역할 중 매우 중요한 것이다. 밥을 지을 때 불을 끊임없이 적절하게 때줘야 하듯 지속적인 가치 교육을 해줘야 한다.

가치와 함께 꼭 전수해야 할 것이 삶을 대하는 마음자세다. 부모는 자녀의 삶이 평탄하기를 바라지만, 평탄하기만 한 삶은 없다는 것도 알고 있다. 굴곡이 있고, 오르막과 내리막이 있는 삶을 어떻게 단단하게 헤쳐나갈 것인지 그 자세를 심어주어야 한다. 삶을 살아갈 때의 마음자세는 거의 부모에게서 고스란히 물려받는 경우가 많기에, 자신의 마음자세를 먼저 다져야 한다.

일상에서 아이에게 어떤 문제가 생기면 당시에는 굉장히 큰 문제로 다가올 수 있다. 아이가 울고불고 하면 뭐라고 말해야 할지 모르겠어서 당황스럽기도 할 것이다. 그런 구체적 상황에서는 사실 꼭 하나의 정답이 있는 것은 아니다. 그때그때 할 수 있는 일을 원칙에 따라 하면 된다. 일단 밥 짓기 요법이 잘되었다면 그 외에 일상에서 일어나는 이슈에 대해서는 전문가가 알려주는 완벽한 정답이 있는 것이 아니며, 그때의 대응이 아이의 전체적인 성장 발달에 큰 문제를 초래하는 경우는 드물다는 것을 알았으면 좋겠다. 원칙만 제대로 알면, 나머지는 힘을 좀 빼고 너무 염려하지 않아도 괜찮다.

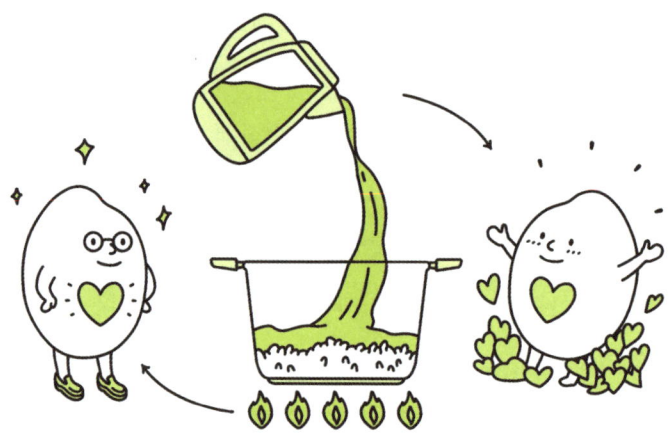

쌀: 아이 (잠재력)

물: 사랑과 보호

불: 가치와 마음자세

이제 밥 짓기 요법의 세 가지 요소를 쌀, 물, 불의 순서로 하나하나 자세히 살펴보자.

아이 고유의
맛을 살려주고 있는가

많은 부모가 육아를 밥 짓기가 아니라 만두 만들기라고 착각한다. 내가 최선을 다해서 고기도 썰어 넣고 파도 넣고 뭔가 많이 넣으면 귀한 만두가 되는 줄 안다. 아이들이 비어 있다고 생각하고 부모가 자신을 희생해서 다 넣어주려고 한다. 그러다 밥을 망치는 것이다.

만두는 속에 뭔가를 넣어야 하지만 쌀은 속이 비어 있지 않고 꽉 차 있다. 쌀은 그 자체로 완성되어 그만의 맛을 낸다. 그래서 맛있는 밥을 할 때 물 넣고 뚜껑 덮고 불을 지피기만 하면 쌀이 자기 본연의 맛을 드러낸다. 밥을 할 때 뚜껑 열고 들쑤시는 사람이 있는가? 내가 원하는 맛이 아니라고 소금, 후추 치는 사람이 있는가? 상상만 해도 밥맛이 떨어지지 않는가.

밥을 할 때는 필요한 요건만 맞추어주고 뜸 들이듯 인내심을 가지고 기다려줘야 한다. 우리가 밥을 할 때 뚜껑을 안 여는 이유는 물과 불만 잘 맞춰줬으면 맛있는 밥이 된다는 믿음이 있기 때문이다. 그런데 부모가 원하는 쌀 맛이 있다고 해서, 자꾸 뚜껑을 열어보고 쌀을 뒤적이고 양념을 넣는 부모가 있다. 쌀 안에서 맛있는 맛이 나온다는 걸 믿지 못하기 때문이다.

나는 발달장애 전문 의사다 보니 발달이 전형적인 속도보다 느린 아이도 많이 본다. 놀라운 건, 그렇게 조금 부족한 아이들도 잘 지도하고 적절한 환경을 제공해주면 엄청난 잠재력을 펼쳐 보인다는 것이다. 잠재력은 눈에 보이지 않는다. 눈에 보이는 건 잠재력이라고 하지 않는다. 아이들 안에 숨어 있는 것, 자라면서 서서히 펼쳐 나오는 것이 잠재력이다. 그러니 내 눈에 보이지 않더라도 모든 아이가 상상도 못할 만큼 큰 잠재력을 가지고 있다는 걸 믿어야 한다.

그런데도 "우리 아이는 잠재력이 좀 약한 것 같아요"라고 말하는 부모가 있다. 그러나 모든 아이는 그 쌀 안에 잠재력을 가지고 있다. 마치 차곡차곡 접힌 마법의 병풍처럼, 다 펼치려야 펼칠 수가 없을 만큼 끝없이 나오는 게 아이들의 잠재력이다. 어찌 보면 부모가 믿는 만큼 잠재력이 있는 것이다. 그런데 아이가 갖고 있는 잠재력을 꺼내도록 도와줄 생각은 하지 않고 우리 아이는 '쓸만한' 잠재력이 없다고 단정 짓는다. 그리고 대신 부모가 뭘 넣으려고 한다. 쌀 입장을 생각해보라. 얼마나 괴롭겠는가. 그렇다고 억지로 뭔가를 집어넣는 부모는 행복할까? 아니다. 아무도 행복하지 않다.

부모는 책임감과 목적의식으로 그렇게 한다. 그래서 아이도 부모도 괴로운 상황을 더 좋은 결과를 위한 희생이라고 생각하면서 계속 해나간다. 이렇게 힘겹게 육아하고 있는 자신의 부모, 형제자매, 동료들을 보고, 행복하지 않은 아이들을 보는 젊은 부모들이 아이를 낳고 싶은 생각이 잘 들지 않는 것은 당연하다. 부모의 역할은 아이에게 뭔가를 주입하는 게 아니라 아이가 이미 가지고 있는 잠재력을 펼쳐내도록 도와주는 것이라는 것을 명심해야 한다. 이 사실을 알고 시각을 바꾸면 훨씬 더 마음이 편해지고 육아의 무게가 가벼워진다. 부모가 더 행복해질 뿐 아니라, 아이들도 훨씬 더 행복해질 수 있다.

아이가
잠재력을 펼치도록 도와줘라

아이들은 자신의 잠재력을 꺼내고 싶어 한다. 어떻게 꺼내는지 아는가? 관심과 흥미의 표현으로 꺼낸다.

"엄마, 이거 뭐야?" "이거 왜 이래?" "이거 갖고 싶어." "이거 좋아." "이거 싫어."

이렇게 자기 내면의 것들을 꺼내기 시작한다. 엉뚱한 이야기를 하더라도 '엉뚱한 소리하고 있네'라는 반응을 보이면 안 된다.

"엄마, 나는 흙을 파고 싶어."

"그래? 흙을 파고 싶어? 그게 궁금해?"

왜냐하면 지금 흙이 중요한 게 아니기 때문이다. 아이가 뭔가를 꺼냈다는 게 중요하다. 아이가 자기 안의 잠재력 병풍을 한 장 펼쳐낸 것이다. 아이들은 자연스럽게 자기가 가진 것을 꺼낸다. 그런데 부모가 "흙은 무슨, 옷 더러워지게, 쓸데없어"라고 해버린다. 아이가

"엄마. 난 개구리가 좋아"라고 했는데 "개구리? 개구리는 무슨. 여기 앉아서 문제나 하나 더 풀어"라고 한다. 아이는 자꾸 꺼내는데 부모는 계속 집어넣고 닫으라고 말한다.

그런 세월이 수개월 수년 지나가다 보면 아이들은 꺼내는 걸 잊어버린다. 내가 뭘 좋아했고 무엇에 관심이 있었는지 아무것도 모르게 된다. 이것은 아주 흔한 현상이다. 나는 의사다 보니 주변에 의사나 교수 친구들이 많다. 어떻게 보면 많이 성취하고 부모가 시키는 대로 잘해낸 사람들이다. 그런데 뒤늦게 '현타' 비슷한 게 온다.

"이 일을 20~30년 더 하라고? 내가 진짜 좋아하고 내가 가고 싶은 길은 아닌 것 같아. 내가 정말 좋아하는 게 뭔지 잘 모르겠어. 내가 여기 왜 있는지, 어디로 가는지 잘 모르겠어."

부모가 원하는 대로 여기까지 왔지만, 자신의 병풍을 펼쳐보지 못한 채 성인이 된 사람들이 흔히 겪는 일이다. 이런 이야기를 하면 이렇게 묻는 부모가 있다.

"그렇다고 아이가 말하는 걸 어떻게 다 시켜줘요?"

해달라는 대로 다 들어주고 시켜주라는 뜻이 아니고 경청하라는 뜻이다. 아이가 잠재력의 카드를 한 장 꺼냈다면 "우와, 너한테 이런 카드가 있었어?"라는 자세로 관심을 보이고 들어주라는 것이다. 그럼 아이는 두 번째, 세 번째 카드를 계속 꺼낼 것이다. 아이가 관심 가지는 걸 다 사주라는 게 아니다. 오, 그게 궁금해? "우리 더 알아볼까?

한번 인터넷에 찾아볼까? 도서관에 가서 찾아볼까?"라고 해보라. 아이 입장에서 내가 카드를 살짝 한 개 꺼냈는데 부모가 너무 좋아하고 궁금해하고 그것을 가치 있게 받아들여주면 계속해서 잠재력을 끌어내게 된다. 반대로 "쓸데없는 생각하지 말고 엄마 말을 들어"라고 하면 아이 안에서 카드가 단 한 개도 나오지 않게 되는 것이다.

아이들은 자기 생각을 꺼내고 그 생각을 엄마가 들어준다는 그 자체가 기쁘다. 소리 내어 "너는 소중한 사람이야"라고 말하지 않아도 '엄마가 내 생각을 소중하게 생각하는구나'라고 느끼게 된다. 인간에게 사랑 다음으로 중요한 존중받고 인정받고 있다는 감정을 채우게 된다. 부모가 이런 태도를 갖는 데는 돈도 안 든다. 비용이 부담되는 것을 해야만 아이의 잠재력이 더 발휘되는 것이 아니다.

앞서 부모 자신을 알려면 나의 존재 가치와 나의 강점을 알아야 한다고 했다. 아이들은 아직 성장하고 있기 때문에 자신의 존재 가치와 강점을 흥미와 관심으로 표현하면서 길러간다.

"아이가 쓸데없는 것을 좋아해요."

이렇게 말하는 부모도 있다. 하지만 아이니까 당연히 괜찮다. 자녀가 도마뱀을 좋아해서 키우고 싶어 한다면 부모는 "아, 네가 도마뱀을 키워보고 싶다고?"라고 관심을 보여주고 그 생각을 경청해줘야 한다. 사정상 키워볼 수는 없다 하더라도, 같이 더 찾아보고 궁금증을 풀어가 보면 된다. 도마뱀에만 꽂혀서 다른 공부는 안 하면 어떻게 하느냐고? 아이들의 흥미는 대체로 발달 단계에 따라 변하기 마련이다. 어릴 때 자기 것을 꺼내고 존중받았던 사람은 잠재력을 계속 꺼낼 줄 알고 그 관심을 확장할 수 있다. 그 관심이 지속되는 것도 좋다. 어릴 때부터 도마뱀을 좋아했다면 세계적인 도마뱀 전문가로 성장할 수도 있다.

아이에게 단점과 약점도 있을 것이다. 부모는 그런 아이의 약점 때문에 아이가 힘들 것 같으니까 그 부분에 너무 집중을 한다. 하지만 의식적으로 강점과 장점에 더 집중해야 한다. 특히 미래 사회에서는 골고루 다 잘하는 사람보다 한 가지를 (비록 그것이 보통 사람들이 보기에 좀 이상한 것일지라도) 특출나게 잘하는 것이 더 큰 가치가 될 수 있다. 그러니까 못하는 걸 평균으로 만들겠다는 생각보다는, 다른 일을 하는 데 지장을 주는 약점은 보완해주되, 잘하는 걸 더 잘하게 도와주는 게 더 현명한 방법이다. 아이를 자세히 관찰해보라.

"아이의 장점을 잘 모르겠어요. 장점은 별로 없는 것 같고 못하는 것이 더 많아요."

이렇게 느끼는 부모라면 아이의 흥미와 관심을 적어보라. 아무리 사소하고 이상해 보이는 것이라도 관찰해보라. 아이가 만화를 좋아한다고 해서 맨날 만화만 보게 둬야 할까? 아이가 한 가지에 꽂히는 것에 대해 걱정하는 부모도 있다. 하지만 관심에서 얼마든지 학습과 성장으로 확장할 수 있다.

부모 연습   아이 잠재력 찾아보기

아이들은 자신의 잠재력을 꺼내고 싶어 한다. 그럼 내 아이의 잠재력을 꺼낼 수 있도록 다음 질문에 답해보자.

Q 아이가 무엇에 관심이나 흥미를 보이는가?

Q 아이의 흥미에 대해 어떻게 반응하면 좋을지 적어보자.
그다음 아이와 대화하고 경청하자.

쌀

⋮

내 아이의
재능을 찾는 법

생각보다
다양한 지능의 세계

부모는 대개 아이의 단점, 부족한 점, 문제점 등을 우려해 전문가를 찾는다. 아이의 장점이나 흥미를 잘 모르겠다고도 한다. 이런 부모가 찾아오면 아이의 강약점을 분석하기 위해 아이의 발달을 검사하곤 한다. 그런데 부모가 아이에 대해 주의해야 할 점이 있다. 흔히 '머리가 좋다, 나쁘다', 'IQ가 높다, 낮다'는 말을 많이 하는데, IQ가 높은 것과 재능이 있다는 것은 동일하지 않다는 사실이다. 아이들마다 재능이 있는 부분이 다 다르기 때문이다.

 IQ를 검사할 때도 여러 가지 다양한 영역을 측정해서 종합한다. IQ 점수 하나로 아이가 '90점이다, 120점이다'라고 말하기에는 인간이라는 존재가 그렇게 간단하지 않다. 그리고 점수 하나로 어떤 사람이 '잘났다, 못났다'를 따지는 건 어불성설이다.

 이런 생각에서 하버드대 교육심리학 교수인 하워드 가드너는 다중지능(Multi IQ) 이론을 제시했다. 하워드 박사는 8가지 종류의 다양한 지능을 주장했다.

  언어 지능, 논리·수학 지능, 공간 지능, 신체·운동 지능
  음악 지능, 개인 내 지능, 대인관계 지능, 자연주의적 지능

이 중에서 우리는 언어 지능과 논리·수학 지능을 과대평가하는 경향이 있다. 시험에서 글로 쓰인 문제를 풀어내는 능력은 언어와 논리·수학 지능이 높을수록 좋게 나타나게 마련이다. 반면에 공간 지각력이나 신체·운동 지능, 음악 지능 등은 특정 기준에 맞추어 평가하기가 어렵다. 특히 자신을 향한 통찰력, 대인관계에 필요한 지능 등은 객관적인 측정이 힘들다.

개인 내 지능이 뛰어난 사람은 자기 성찰을 잘하는 사람이다. 자기 성찰을 공부해서 배워도 어렵게 느끼는 사람이 있고, 따로 배우지 않았는데도 저절로 습득하는 사람이 있다. 이것도 재능이고 높은 지능이라고 보는 것이다.

그런가 하면 남과의 관계에 굉장히 뛰어난 사람이 있다. 다른 사람의 의중을 잘 파악하고 공감력이 높은 사람이다. 아이들 중에서도 살펴보면 학업은 어려워하는데 친구들과의 관계가 무척 좋은 아이가 있다. 이런 아이들은 대인관계 지능이 뛰어난 것이다.

자연주의적 지능은 자연을 좋아하고 자연에서 평안함을 얻는 사람이다. 또한 동물을 잘 이해하고 동물과 교감을 잘한다. 늘 산에 가서 곤충을 채집하고 동물만 기르고 싶다는 아이가 있다면 많은 부모가 걱정할 것이다. 그러나 이런 지능이 높은 아이들은 수의사나 동물 조련사, 생물학자나 식물학자, 자연과 동식물 관련 작가나 콘텐츠 크리에이터 등 관련 분야에서 우수한 성인이 될 수 있다. 아이들이 성인이 될 미래에는 지금은 없는 새로운 직업도 많이 나타날 것이다. 이런 재능에 따라 꼭 직업을 갖지 않더라도 삶을 더 풍성하게 해주는 취미가 될 수도 있다.

아이들의 재능이 이처럼 다양하다. 그런데 정규교육 학습 환경에 가장 도움이 되는 언어나 수학·논리 쪽으로만 집중하여 판단한다면 아이의 무궁한 가능성을 놓칠 수 있다. 또한 부모에게 우리 아이가 재능이 전혀 없는 것처럼 보이기도 한다. 내가 늘 강조하는 것이 인간의 '다양성(diversity)'이다. 사실 우리가 살면서 마음이 힘든 이유의 상당 부분이 다양성을 인정하지 않고 존중하지 않는 사회적 분위기에서 유래한다. 부모가 아이들의 다양성을 받아들이고 존중해주기 시작하면, 아이의 장점과 잠재력도 더 잘 보이고, 아이를 더 잘 이해하게 된다. 아이를 향한 마음의 눈이 떠지는 것이다.

아이의 지능을 살펴보기 위해 다중지능 테스트를 해볼 수 있다 (multiiqtest.com). 임상적으로 많이 쓰이진 않지만 아이를 파악하기에는 좋은 수단이다. 특히 "우리 아이는 잘하는 게 없어요"라고 생각한다면 아이가 어떤 지능에 더 강한지 볼 수 있다. 그리고 해당 지능을 가진 사람에게 어떤 직업이 괜찮은지도 예시로 보여주고 있다. 물론 이것은 단지 현재 존재하는 직업들만 고려한 것이다.

아이가 셋이 있다고 해도 검사 결과는 다 다르게 나온다. 그러니 사람은 다 '다르다'는 다양성의 개념을 잊지 말아야 한다.

물고기에게
나무를 타라고 하는 부모들

현재 교육 체계에서는 저마다 가진 다양한 재능을 고려하지 않고, 공정성을 내세워 획일적인 지식을 학습하고 획일적인 잣대로 아이들을 평가한다. 그러다 보면 공정한 평가를 한답시고 모든 동물을 나무 타는 능력으로 평가하는 것과 같은 상황이 일어난다. 나무 타는 능력으로 물고기를 평가하게 되는 것이다. 그러면 그 물고기는 어떻게 될까? 평생 자신이 바보인 줄 알고 살아갈 것이다. 물고기는 물을 찾아가야 하는데 "다들 나무를 타니까 너도 무조건 나무를 타야 해"라고 하면 아이는 얼마나 괴롭겠는가.

더 큰 문제는 아이조차 자기 자신을 모르고, 자신을 찾으려는 노력조차 못하게 된다는 것에 있다. 아이가 "엄마, 나는 헤엄을 잘 치는데 왜 나무를 타라는 거야?"라고 말하면 다행인데 그렇지 않다. 어릴 때부터 지속적으로 한 방향만 보도록 강요받아왔기에 다른 길이 있다는 생각조차 하지 못한다. 오히려 '나는 바보인가 봐. 다른 사람은 다 되는데 나만 이렇게 부족한가 봐'라고 자책하게 된다. 이렇게 억울하고 원통할 때가 또 있을까.

아이는 저마다 자신만의 장점과 단점, 성향을 타고난다. 그것을 다 갈아엎어서 부모가 원하는 걸 만들려고 하는 우를 범하지 말기를 바란다. 부모가 해야 하는 일은 아이가 자신 안에 있는 잠재력을 최대한 끌어내도록 돕는 것이다. 물에 놔줬으면 그야말로 물 만난 물고기처럼 마음껏 세상을 향해 헤엄쳐 나갔을 아이를 나무 밑둥에서 버둥거리며 숨 막히게 만들지 말자.

부모 자신은 그렇게 양육됐을 가능성이 크다. 현재까지는 자신의 재능에 무관하게 주어진 학습을 잘해낸 아이들이 대체로 사회에서 더 상위 계층에 이르렀기 때문이다. 그런데 세상의 패러다임이 빠르게 변하고 있다. 학력의 중요도가 급격히 떨어지고 있다. 아마 지금도 느낄 것인데 아이들이 성인이 되었을 때는 판도가 더 크게 달라질 것이다. 그러니까 남들 다 하는 걸 하라고 다그치다 보면 아이는 아이대로 괴로워지고, 그렇다고 미래에 경쟁력이 더 생기지도 않는다. 그러면 이렇게 고민을 말하는 부모가 있다.

"다른 아이들 다 나무 타는데 우리 아이만 밑동에서 그러고 있으면 내가 너무 불안해요. 다른 아이들 다 잘나갈 때 자기 앞가림 못하고 살면 어떡해요."

"죽은 물고기만이 물결을 따라간다(Only dead fish go with the flow)"라는 말이 있다. 아무 생각도 하지 않으면 마치 죽은 물고기가 물결에 따라 둥둥 떠내려가듯, 그저 다른 사람들이 가는 곳으로 따라가려고만 하는 삶을 살게 된다. 그런데 흐르는 물결의 끝이 낭떠러지라면 어떨까. 특히 산업과 경제 구조가 격변하는 지금은 과거로부터 계속 흘러가던 물결을 따라가기보다, 스스로 생각을 하고 내가 갈 길을 가야 한다. 부모도 그렇게 살아가야 하고 아이도 그렇게 길러야 한다.

많은 것을
경험하게 하라

"아이가 잘하는 게 뭔지 찾아주려면 결국에는 여러 학원을 보내봐야 하지 않을까요?"

이렇게 말하는 사람도 있다. 하지만 꼭 학원을 보내고, 과외를 시켜서 가르쳐야 적성을 찾아주는 게 아니다. 아이들은 텔레비전을 보다가도 특정한 것에 흥미를 보일 수 있다. 아이에게 흥밋거리를 찾아주고 싶다면 일단 다양한 경험을 하게 해줘라. 아이가 음악을 좋아한다면 공연장에 데려갈 수도 있고 그림이나 만들기를 좋아하면 미술관에 갈 수도 있고 운동을 좋아하면 스포츠 경기를 보러 갈 수도 있다.

학원을 보내야만 탐험이고 경험이라고 생각할 필요는 없다. 실제로 그런 사례를 본 적이 있다. 부모 마음에 많은 경험을 시켜주고 싶어 아이에게 여러 가지를 가르쳤다. 피아노, 바이올린, 태권도, 수영…. 아이가 그 많은 걸 다 따르다가 어느 순간 한계에 부딪혀서 마음에 문제가 생겼고, 그래서 급하게 상담사를 찾아야 했다.

경험이라는 게 꼭 뭔가를 전문적으로 따라가야 하는 건 아니다. 예를 들어 훌륭한 발레리나에게 발레를 하게 된 동기를 물어보면 "어릴 때 학원에 갔는데 내가 참 잘했어요"보다 "여덟 살 때 발레를 처음 봤는데 감동적이었어요"라는 경우가 더 많다. 어떤 영화를 보고 감동받아서 영화감독으로 성장한 사람은 또 얼마나 많은가. 여러 가지 경험을 해보지 못하고 방 안에 갇혀 공부만 하게 한다면 어떻게 되겠는가. 다양한 영감이 들어올 수 있도록 문을 활짝 열어놓자.

학원에 보내는 것이 무조건 나쁘다는 뜻은 아니다. 잠재력을 키워주기 위해 여러 학원에 보내야 하는 것은 아니라는 말이다. 맞벌이 부부의 경우 아이를 보기가 힘드니 학원에 보낼 수밖에 없는 상황일 수 있다. 그런 경우에는 학업보다는 예체능이나 놀이를 할 수 있는 곳을 고려해보기를 권한다. 어디에서 아이가 시간을 보낼 것인지를 아이의 취향을 존중하여 결정하라는 것이다. 이렇게 자신이 즐기는 흥미와 취미가 길러진 아이들은 후에 공부에 지쳐 휴식을 게임에만 의존하게 되는 일이 줄어든다. 그리고 다른 아이들과 함께 놀고 소통할 기회를 더 많이 줄 수 있으면 좋다. 스포츠든 음악이든 아이들과 즐거운 시간을 함께할 수 있는 것 말이다.

앞서 말했듯 일 때문에 아이와 많은 시간을 보내지 못하고 학원에 보낼 수밖에 없는 것에 대해서 죄책감을 느끼지 말았으면 좋겠다. 행복한 부모 아래에서 자란 아이가 행복한 사람이 될 가능성이 크다.

아이들이 다 다르듯이 부모도 다 다르다. 부모가 행복하게 자기 일을 하면서, 여기서 배우는 육아의 기본 원칙을 잘해주면, 아이는 잘 클 수 있다. 부모 자신의 행복이 어디 있는가를 등한시한다면 행복한 아이를 기르기는 어렵다.

조련사가 아닌
조력자가 되어라

최근 이런 사연을 들었다. 이 어머니는 아이 교육에 열성적이었다. 열심히 공부시키고 학원도 많이 보냈다. 아이가 나름 잘 따라오는 듯했는데, 반전이 일어났다. 엄마가 좋아하니까 따라왔지만 중학생이 되고 나서부터는 아이가 갑자기 반항적으로 바뀌었다. 고민에 휩싸인 어머니는 내 강연을 듣고 마음을 고쳐먹었다.

'내가 이렇게 아이를 들들 볶아서 되는 게 아니었구나. 조련사가 아니라 조력자가 되어야 하는구나.'

어머니가 바뀌자 아이도 바뀌었다. 우울해하던 아이가 밝아졌다. 그전에는 뭐든지 많이 시켰다면 이제는 아이의 강점을 찾는 데 집중했다. 아이한테 뭘 할 때 행복한지를 물었다. 그 아이의 다양성을 존중해주고, 아이의 의견을 경청한 것이다. 귀 기울여봤더니 이 아이는 자연 친화적인 아이였다. 동물을 좋아해서 뒷마당에 연못을 파고 오리를 키우고 싶다고 했다. 더 놀라운 건 아이가 도면을 그려서 연못을 며칠에 걸쳐 직접 팠다는 것이다. 부모가 시키는 걸 할 때 방 안에서만 시간을 보내며 우울해하던 아이가 눈에 띄게 밝아졌다.

그 어머니는 뼈저리게 깨달았고 가슴을 쓸어내렸다. "뒷마당도 좁은데, 연못이 무슨 말이야?", "그런데 오리 키워서 뭐 하려고?"라고 물었다면 어떻게 되었을까? 하마터면 아이가 계속 우울한 삶을 살 뻔한 게 아닌가. 남의 기준, 남이 하라는 것에 의해서 억지로 살 뻔했다. 그런데 자기가 하고 싶은 것을 찾았을 때 시들어가는 꽃에 물을 주었을 때처럼 확 피어나는 것을 보았다.

아이의 관심사도 부모 마음에 들지 않으면 무시해버리는 경우가 많다. 하지만 아이의 관심사와 흥미를 잘 존중하고 경청해주다 보면, 여기서 많은 가능성이 열리기도 한다. 동물도 배우고 생물학도 배우고 취미에서 학습으로 확장할 수 있다. 우리 아이들이 어른이 될 미래에는 좋아하는 일을 하면서 잘 살 수 있고 행복할 수 있는 길이 더 많아진다. 꼭 직업이 아니더라도 행복감을 더해주는 취미가 될 수 있다. 그보다 더 중요한 것은, 이 아이가 부모가 자신의 생각을 경청하고 존중해주는 경험을 온전히 해봤다는 것이다. 부모가 아이의 다양성을 존중해주면 아이는 자신의 존재 가치를 알게 되기 때문에 더 행복한 길로 나아갈 수 있다.

올라오는 두려움을 삼키고 용기를 내라고 말하고 싶다. 수십 년 같은 방향으로 흘러가는 기존의 물결에 따라가는 것보다 내 아이만의 재능을 살려주는 것이 오히려 미래에 더 준비된 사람으로 키우는 길이기 때문이다. "저마다 가진 다양성이 충분히 가치 있다"라고 가르치지 않고, 오직 한 길, 예컨대 좋은 대학교를 나오고 대기업에 들어가는 것만이 가치 있다고 가르친다면, 그렇게 하지 못한 사람이 끌어안는 건 열등감이다. 다양성이 죽은 곳에 열등감이 자라는 것이다. 그리고 열등감은 낮은 자존감으로 연결된다.

그 길을 잘 따라가서 성인이 된 소위 상위 1%의 경우에는 우월감이나 교만한 마음을 가질 수 있다. 그런 마음으로는 다른 사람을 존중하는 마음을 잊기 쉽다. 외국에까지 널리 알려진 우리 사회의 '갑질' 문화가 이런 데서 기원하지 않을까. 나는 잘나서 여기까지 왔고 너는 못나서 거기 있는 것이라고, 사람을 위아래로 나누는 생각 말이다. 게다가 이렇게 성공했다는 상위 1%의 사람들조차도, 자신의 길이 아닌 남이 제시한 길로 살아가다 보니 삶에 대한 만족감과 행복감이 떨어지는 것을 흔히 본다.

자신이 원하는 방향으로 아이를 맹훈련하는 조련사가 되는 함정에 빠지지 말기를 바란다. 아이를 존중하면서 스스로 자기 물을 찾아가게 도와주는 조력자가 되어야 한다. 그래야 건강한 자존감을 가지고 자신의 길을 찾는 주체적인 아이로 기를 수 있다.

부모 연습   아이 이해하기

부모 자신을 파악한 다음에는, 우리 아이의 강점과 장점이 무엇인지, 어떤 지능을 가지고 있는지 알아보고 관련 직업을 생각해보자.

Q 아이의 강점과 장점은 무엇인가?

-
-
-

Q 아이의 다중지능 테스트 결과를 적어보자.

- 1순위:
- 2순위:
- 3순위:

Q 아이의 다중지능과 관련된 직업군은 무엇인가?

(다양한 직업이 가능하다는 이해를 돕기 위함이다.)

- 1순위:
- 2순위:
- 3순위:

물
:
.

아이의 자존감을
키우는 부모의 메시지

조건 없는 사랑과
절대적 존재 가치의 메시지

밥 짓기 요법 중 물, 즉 사랑과 보호에 대해 알아보자. 부모로서 사랑과 보호는 본능이라서 배울 필요가 없다고들 생각한다. 하지만 잘못된 사랑과 보호 방법이 부모 사이에서 퍼져나가는 경우가 적지 않다. 올바른 사랑과 보호 방법을 배워야 한다. 이것만 제대로 되어도, 다른 걸 특별히 안 줘도 아이들은 사랑을 알게 된다. 또 자신이 사랑받을 만한 사람이라는 건강한 핵심 신념이 서게 된다.

우선 부모는 '조건 없는' 사랑을 표현해주어야 한다. 그런데 조건부 사랑 표현을 하는 부모가 의외로 많다. 아이에게 사랑한다는 메시지를 줄 때 그 메시지에 조건이 달려 있는지 유의하라. 조건 없는 사랑의 메시지라고 훈육을 절대 하지 말고 무조건 좋은 메시지만 주라고 오해하면 안 된다. 당연히 가르침은 부모의 역할에서 중요한 부분이다. 동시에 아이가 절대적 존재 가치를 가지고 있다는 것을 말해주어야 한다. 절대적 존재 가치의 반대말은 상대적 존재 가치, 즉 남과 비교하는 존재 가치다. 우리 아이는 옆집 아이와 비교해서 존재 가치가 있는 게 아니라 그 존재만으로 가치 있다는 것을 부모가 먼저 알아야 한다. 지금부터 부모가 흔히 말하는 사랑과 가르침의 메시지를 살펴보자. 부모 여러분도 아마 많이 듣고 자랐을 것이다. 자신은 어떤 말을 자주 쓰는지 생각해보자.

"공부 잘해야 무시 안 당하고 산다. 이러면 커서 무시당해."

이 말은 상대적 존재 가치를 직접적으로 가르치는 것과 같은 심각한 표현이다. 인간은 태어난 순간부터 존중받아야 할 절대적 존재 가치가 있다. 그런데 이 말은 네가 공부를 잘해야 가치 있는 사람으로 존중받고 네가 공부를 못 하면 존중을 못 받는다는 완전히 잘못된 메시지가 아닌가. 게다가 노력해도 잘 안 될 수도 있다. 그러면 열등감과 자괴감, 자책감이 생긴다. 반면 아이가 공부를 열심히 하고 잘하기도 한다고 해보자. 그럼 이 아이의 마음에는 공부를 잘 못하는 사람은 무시해도 된다는 생각이 은연중에 자리 잡힌다. 그러므로 이런 말은 사람은 원래 급이 나누어지는 것이고, 높은 곳의 사람이 낮은 곳의 사람을 무시해도 되며, 네가 무시당하게 된다면 다 네 탓이라는 굉장히 위험한 의미를 포함한다. 우리나라에 학폭의 문제가 자주 불거져 나온다. 절대적 존재 가치의 메시지가 아니라, 자신보다 못한 약자를 무시해도 된다는 은연중의 메시지를 받고 자라는 아이들이 서로 존중할 수 있을까. 또 가해 학생도 누군가에게 멸시당하고 폭언이나 폭력을 당했을 수도 있다. 부모로서 자녀에게 인간의 절대적인 존재 가치를 가르치는 것은 필수이다!

두 번째 메시지다.

"다른 아이는 엄마 말 다 잘 듣고 숙제도 집에 오면 바로 하고 한다던데, 너는 말도 안 듣고, 엄마 못 살겠다."

말 잘 듣고 숙제를 빨리 하면 나는 너를 사랑하겠지만 네가 그걸 안 하면 사랑하기 어렵다는 조건적인 메시지를 전달하는 꼴이다.

"이렇게 말 안 들으려면 나가서 네 멋대로 살든지."

특히 자율성을 더 추구하게 되는 청소년 시기에 부모가 이런 말을 하는 경우가 있다. 이런 메시지도 조건 없는 사랑을 부정하는 말이다. 나아가 나는 너를 버릴 수도 있다는, 아이에게 깊은 상처가 되는 말이다. 이런 말은 또 어떤가.

"뚱뚱해서 창피하지도 않니? 다이어트 좀 해."

"이렇게 키가 작아서 어떡하나? 취직하고 결혼이나 하겠어? 잠 좀 일찍 자. 잘 때 키가 큰다잖아."

이것보다 수위는 약하더라도 체중, 키 또는 다른 외모에 대해 눈치 주는 말을 쉽게 하곤 한다. 이런 말을 들으면 내 외모에 무관하게 내 존재 자체만으로 가치 있는 사람이라는 개념이 흔들린다. 외모가 훌륭하면 가치 있고 외모가 떨어지면 가치가 없다는 상대적인 존재 가치의 메시지를 주게 된다.

이런 말을 수도 없이 들으며 자라다 보면, 자신의 가치를 이런 잣대로 재어 스스로 힘들게 만들 뿐 아니라, 남의 가치도 이에 따라 쉽게 판단하는 폐해를 일으킨다. 바로 이런 습관들이 외모지상주의라는 독특한 문화를 낳은 것이 아닐까.

사랑과 인정의 메시지:
20초 허그 요법

조건 없는 사랑과 절대적 존재 가치를 전하는 정말 쉬운 방법이 있다. 20초 허그(포옹) 요법이다. 아이를 20초 동안 안아주어라. 대다수의 아이들이 무척 행복해하고 좋아한다. 포옹을 불편해하는 아이라면 억지로 하는 것은 권하지 않는다. 머리를 쓰다듬거나 어깨나 등을 톡톡 두드려주는 것으로 대신할 수 있다. 20초 동안 밀착 포옹을 유지하면서 몸을 편안히 하고, 두 가지 메시지를 전해주어야 한다. 첫번째는 "사랑한다"고 말해주는 것이다. 조건을 붙이지 말고 어떤 일이 있어도 항상 변함없이 사랑한다고 말해주자. 여기에다 존재 가치도 넣어주면 좋다. 존재 자체만으로 보석 같고 별처럼 존귀하다는 다음과 같은 표현도 좋다.

"우리 보석 같은 딸, 우리 별 같은 아들, 정말 사랑해."

두번째는 인정의 메시지다. 인정이란 감정적인 것이든 육체적인 것이든 '네가 그 자리에서 나름 수고하고 있다는 걸 안다'는 뜻이다. 인정에서 더 나가면 '고맙다'가 된다. 배달원에게도 식당 종업원에게도 고맙다고 말하지 않는가. 그들의 애씀을 인정한다는 뜻이다.

아이에게 사랑한다는 말은 꽤 하지만, 너의 수고가 고맙다는 말은 거의 하지 않는다. 아이들이 제멋대로 구는 것 같이 보일 수 있지만, 그들 입장에서는 나름 노력하고 있는 것이고, 꽤 수고하고 있는 것이다. 심부름을 해준 아이에게 고맙다는 말을 하지 않는 부모가 많다. "잘했다"는 말도 괜찮지만 "도와주어서 고맙다"도 중요하다. 아이들의 수고를 인정하는 표현으로는 다음과 같은 것이 있다.

"동생이 많이 귀찮게 했는데, 그래도 오늘 잘 지내줘서 고마워."
"오늘 등원하기 싫었는데도, 잘 다녀와줘서 참 대견해. 고마워."

아이들의 노력과 수고를 인정하고 고마워해주는 말, 이만큼 아이들 스스로 뿌듯하게 해주는 말도 없다.

물론 아이와 갈등이 있을 때도 있을 것이고 아이가 실수하거나 잘못을 할 때도 있을 것이다. 훈육을 할 건 해야 한다. 하지만 그것과 상관없이 아침과 저녁, 하루를 시작하고 정리할 때는 조건 없는 절대적 사랑을 이야기해주길 바란다. 아이가 한 일의 결과가 좋지 않았어도 잠자리에 들기 전에는 "쉽지 않았지만 네 나름대로 노력해줘서 고맙다"라고 얘기해주자. 두 아이가 서로 싸웠어도 잠자리에 들기 전에는 "둘이 싸울 때도 있지만, 그래도 이 정도로 잘 지내줘서 고맙다"라고 해주자. 또 아이가 좀 징징거리면서 학원에 갔다 와도 "오늘 쉬고 싶었지만 네가 가서 네 역할을 해줘서 고마워"라고 말하자.

성인인 부모가 봤을 때는 아이가 잘못도 했고 떼도 쓰지만 아이는 발달 과정에서 자기 나름대로 애를 쓰고 있는 것이다. 다만 능력이 아직 그 정도밖에 안 되는 것이다. 그러니까 "오늘 힘든 일도 있었는데 너도 노력해줘서 고마워. 우리 점점 성장할 거야"라고 말해주는 게 좋다. 그런 말이 생각 안 나면 지어내느라 스트레스받을 필요 없다. 그냥 "엄마(아빠) 딸(아들)로 와줘서 고마워", "오늘 하루 건강하게 살아줘서 고마워"라고만 해도 충분하다.

칭찬할 때는 결과가 아닌 과정을 칭찬해야 한다는 점을 주의한다. 시험에서 아이가 100점을 맞았다면 "100점 맞아줘서 고마워"라고 말하는 것은 권하지 않는다. "네가 참 열심히 했구나. 열심히 해줘서 정말 고마워"라고 말해주자. 100점 맞은 것에 대해 고맙다고 말하면 다음에 100점을 못 받은 경우 아이는 자신이 잘못한 것처럼 느끼거나, 완벽한 점수 때문에 인정받았다고 이해할 수 있다.

무엇보다 아이들의 절대적 존재 가치를 최고로 표현해주는 말은 단연 이것이다.

"○○이가 엄마 딸이어서 너무 감사해."

"○○이가 이렇게 혜성같이 나한테 와줘서 고마워."

이처럼 아이들의 탄생과 존재 자체에 고마움을 표현해주면 아이들의 마음은 부모의 사랑과 인정으로 풍성해진다. 성인이 될 때까지도 가슴에 깊이 새겨지는 애틋하고 따뜻한 메시지가 된다.

나는 간절한 마음으로 몇 년에 걸쳐 어려운 난임 치료를 했음에도 아이를 갖는 축복을 받지는 못했다. 그러니 아이들이 부모에게 와주었다는 것만으로도 헤아릴 수 없는 복이고, 감사할 일임은 분명하다.

20초 허그와 함께 '사랑한다'는 말, '고맙다'는 말을 기억하자. 20초 허그 요법은 배우자한테도 통한다. 우리 남편은 "우리를 위해 열심히 일해줘서 고맙다"는 부분을 특히 좋아한다. 어른 입장에서도 이런 말을 들어서 안 좋아하는 사람은 없다. 사랑과 인정은 인간이 관계에서 정서적으로 받고 싶어 하는 가장 큰 필요이자 욕구이기 때문이다. 그러니 부모로서 자녀에게 꼭 심어주어야 할 것임은 두말할 필요가 없다. 처음에는 어색할 수 있지만 습관이 되면 아무것도 아니다. 아이가 조금 커서 끌어안는 걸 꺼려한다면 어깨나 등을 쓰다듬어주거나 토닥이는 것도 괜찮다. 문자나 쪽지 같은 것도 아주 좋다. 이 말을 듣고 자란 아이는 자존감이 단단해지고 쉽게 흔들리지 않는 내면의 힘이 생긴다. 부모와의 애착 관계도 강해지는 것은 물론이다.

이렇게 20초 허그 요법을 아침, 저녁으로 해주면 좋다. 아이가 셋이라도 이걸 하는 데 1분밖에 안 걸린다. 시간도 별로 들지 않고, 돈도 안 드는 이 의식(ritual)이 아이들의 정서 안정과 발달 그리고 자존감에 얼마나 큰 도움이 되는지, 그 효과를 보면 그야말로 가성비 최고의 요법이다. 부모라면 꼭 이런 의식을 가족의 루틴으로 해보기를 바란다. 이것만 잘해줘도 밥 짓기 요법의 물, 사랑과 보호를 잘하고 있는 것이다. 다른 작은 이슈들은 크게 걱정하지 않아도 된다. 혹 가정 밖에서 무시당하는 말이나 존중받지 못한 일을 겪었다 해도, 잠시 속상해할 망정 자신의 절대적 존재 가치를 잊지 않을 것이다.

아이와 자연스럽게 공감하는
맞장구 요법

일상에서는 인정을 어떻게 표현할 수 있을까? 인정은 소통 속에서 공감을 하며 표현된다. 아이가 어떤 생각을 말했을 때 "아, 네가 그렇게 생각하는구나. 네가 왜 그렇게 말하는지 내가 알겠다"라고 하는 게 공감의 표현이다. 사랑한다는 말 다음으로 좋은 게 '당신이 그 자리에서 그렇게 하는 것, 그렇게 느끼는 것을 알겠다'는 인정과 공감이다. 뒤에서 다룰, 아이가 주도적으로 놀게 하는 '프라이드(P. R. I. D. E)' 스킬에서도 공감이 많이 나온다. 공감은 여러 방법으로 해줄 수 있지만 제일 쉬운 방법은 반사, 따라 하기, 묘사하기다.

이것을 나는 우리말로 '첫마디 맞장구 요법'이라고 부른다. 아이가 무슨 이야기를 하든 첫마디는 공감해주는 것. 예를 들어 아이가 "나 배고파"라고 했는데 "뭐 12시도 안 됐는데 배고파?", "왜 배고파, 방금 간식 먹었잖아"라고 하면 첫마디 맞장구가 아니다.

아이가 "배고파"라고 할 때 곧바로 "배고파?"라고 맞장구 쳐주는 것. 이게 첫마디 맞장구 요법이다. 내가 네 말을 듣고 인지했다, 네가 그렇다는 걸 내가 알겠다고 전달한다. 식사 시간이 아닌데 아이가 배고프다고 한다면 먼저 공감한 뒤에 "아직 밥 먹을 시간은 안 됐네? 과일 하나 먹고 밥은 좀 있다 먹자"라고 말하면 된다.

아이가 학교에 다녀와서 "학교가 너무 재미없었어"라고 할 때 "학교에 재미있으러 가냐? 공부하러 가지?"라고 하면 첫마디 맞장구 요법이 아니다. "오, 학교가 재미없었어, 오늘?"이라고 먼저 반사(reflect)해주는 것이다. 내가 네 말을 듣고 그것을 인지했다는 걸 전달하는 것이다. 그러고 나서 "어떤 일이 있었어? 왜 그렇게 재미없을까?"라고 궁금해서 더 많이 듣고 싶다는 자세로 아이의 이야기를 충분히 들어보자. 그런 다음 "아, 그렇구나. 엄마도 그랬어. 공부를 하러 가는 데니까 조금 그럴 수도 있어. 그래도 배우는 것이 있을 거라고 생각해"라고 부모가 가르치고 싶은 것을 알려주면 된다.

하고 싶은 말은 공감한 뒤에 해도 늦지 않으니 조급해하지 말자. 아이가 뭐든 이야기했을 때 처음부터 부모가 그것을 부정하면 아이는 점점 더 부모에게 말을 꺼내기가 싫어진다. 이건 부부 관계나 친구 관계에서도 마찬가지다. 공감을 많이 받을수록 그 사람에게 더 많이 이야기하고 싶어지는 것은 인지상정이다.

여기서 아이 말을 경청해주는 것과 아이가 하자는 대로 다 해주는 것은 매우 다르다. 공감해주는 것과 '네 말이 맞다'고 하는 것도 구분해야 한다. 부모의 다른 의견이나 가르침은 공감한 후에 잘 전해주면 된다. 실제로 자신의 입장과 생각을 충분히 인정받은 아이가 부모의 가르침을 더 잘 받아들인다. 훈육하기 전에도 '네 말을 들었고 네 상황과 네 감정을 알겠다'는 뜻에서 공감을 해줘야 한다. 그런 다음에 가르침을 줘도 늦지 않다. 특히 놀아줄 때는 놀이에는 정답이 있는 것이 아니고 가르치는 것이 1차 목적이 아니기 때문에 더더욱 맞장구를 많이 쳐주자. 놀이에서도 아이가 일반적인 생각과 다른 말이나 행동을 할 때 계속 고쳐주려고만 하는 부모가 있다. 놀이에서조차 자신의 생각을 인정받지 못하는 아이가 어디에서 자신의 고유한 의견과 생각을 마음껏 표현할 수 있겠는가.

자신의 말을 한번 점검해보라. 아이의 말에 답하는 첫마디에 얼마나 공감해주고 있는가. 어른 사이에서 오가는 말도 한번 살펴보라. 얼마나 많은 말이 공감이고 얼마나 많은 말이 가르침이나 제안 또는 비판인지. 언쟁과 갈등은 흔히 입장을 이해받고 인정받지 못했다는 마음 때문에 생긴다. 그러다 보니 각자 자기 입장만 말하기 급급해 상대의 말은 더 인정하지 않게 된다. 첫마디 맞장구 요법으로 충분히 경청하고 공감하는 연습을 하다 보면, 언쟁과 갈등의 빈도가 현저히 줄어듦을 느낄 것이다.

이렇게 나와 다른 사람의 상호작용을 관찰해보면 공감의 반응과 공감이 아닌 것을 구분할 수 있게 되고, 자신이 어떻게 느끼는지도 알게 될 것이다. 그러다 보면 아이한테도 자연스럽게 공감 반응을 더 많이 해줄 수 있게 될 것이다. 더 수준 높고 여러 단계로 나뉜 공감 대화법이 많이 있지만, 첫마디 맞장구 요법은 그리 어렵지 않으면서도 공감을 나타낼 수 있는 간단한 방법이니 꼭 실행해보길 바란다.

부모 연습   아이의 자존감 올리기

조건 없는 사랑과 절대적 존재 가치의 메시지로 아이의 자존감을 키울 수 있다. 아이의 자존감을 올려주는 말을 적어보고 실제로 아이에게 이야기해주자.

Q 아이에게 해주고 싶은 조건 없는 사랑의 말을 적어보자.

Q 아이의 절대적 존재 가치를 인정해주는 말을 적어보자.

물

⋮

단점을 극복하고
자존감을 올리는
호두 까기 요법

단점을 당당하게 까버리면
더 이상 단점이 아니다

자존감이 낮아지는 이유로 흔히 자신의 부족한 점과 단점을 든다. '호두 까기 요법'은 자신의 단점을 보듬어 안으면서 자존감을 올리는 방법이다. 아이들에게도 가르쳐주고 부모도 알아야 한다.

알다시피 호두 껍데기는 굉장히 단단하다. 어떤 점이 나의 약점이라고 생각하면 이걸 숨기거나, 단단한 껍데기에 싸서 자꾸 가리려고 하기 마련이다. 하지만 자신의 단점을 숨기려고 포장하는 일은 정신적으로 피곤하다. 또한 서로서로 다른 사람들의 포장된 모습만 보다 보니, 남들은 완벽한데 나만 단점투성이인가 하는 착각에 빠질 수도 있다(따라서 자존감은 더 낮아진다). 이런 단점을 오히려 당당하게 드러내는 역발상법이 바로 호두 까기 요법이다.

"나 이런 약점도 좀 있거든? 내가 여기가 좀 약해."

이런 약점을 부끄러워하면서 까는 게 아니라 '껍데기 속에 나는 참 괜찮은 사람이야'라는 당당한 자세로 까는 것이다. 자신의 부족함을 부인하기보다 긍정적으로 보듬어 안고 당당하게 드러내면 다른 사람들이 그 부분을 험담하기가 오히려 어려워진다.

나는 심한 집중력부족과잉행동장애(ADHD) 증상이 있다. 하지만 사람들을 만나면 그것을 부끄럽다고 숨기기보다 초반부터 털어

놓는 편이다. 나는 이런 부분이 있는데 그것이 오히려 많은 아이디어를 내고, 순발력 있게 문제해결하는 데 도움이 되기도 한다고, 호두 껍데기를 까듯 확 까놓고 당당하게 말하는 것이다. 이렇게 하면 그것은 더 이상 약점이 아니게 되고, 내 마음도 한결 홀가분해진다.

　영국의 왕자비가 된 미국 배우 메건 마클은 얼굴에 주근깨가 많은 편이다. 그녀는 그것을 억지로 가리거나 시술을 받아 없애기보다 "주근깨 없는 얼굴은 별이 없는 하늘과 같다"면서 긍정적으로 표현했다. 호두 까기 요법의 정수라 하겠다. 그렇게 호두를 당당하게 까버리면 누구도 그 주근깨를 부정적으로 말하거나 욕하기 어려우니 말이다.

　우리가 자신에 대해 부족하다고 생각하는 게 절대적인 부족함은 아니라는 걸 지각해야 한다. 이는 인위적으로(또는 관례에 따라) 정해진 것일 때가 많다. 그러니 조금만 다르게 보면 큰 의미가 없는 것들을 아이에게 주입하는 우를 범하지 말자. 메건 마클은 주근깨를 별에 비유하는 표현을 아버지에게 배웠다고 한다. 부모의 영향이 이렇게 크다.

　그런데 호두 까기 요법 전에 꼭 밟아야 하는 과정이 있다. 바로 '나의 약점과 단점을 다 포함해서도 나는 가치 있는 사람이다'라는 확신을 갖는 것이다. 아침저녁으로 심호흡을 하면서 "나는 가치 있는 사람이다"라고 스스로에게 말해주기를 권한다. 이를 자기확언 (self-affirmation) 또는 자기주문(self-talk)이라 한다. 당장은 변화가 크게 느껴지지 않더라도, 이렇게 내가 가치 있는 사람이라는 것을 믿다 보면, 자신을 더 존중하는 행동을 하게 된다. 또 자신을 존중하지 않는 사람이나 상황은 멀리하고 거절할 줄도 알게 된다.

단단한 호두 껍데기 안의 내가 참 괜찮은 사람임을 확신하게 된다면, 자신 있게 호두 까기 요법을 할 수 있게 될 것이다. 그러면 '약점' 때문에 낮아졌던 자존감은 저절로 올라가고, 마음은 더 건강해질 것이다.

나의 핵심 신념이
나의 현실을 바꾼다

정신치료의 여러 방법 중에 인지행동치료(cognitive behavioral therapy)라는 것이 있다. 이것은 우리의 생각에 따라 감정이 달라지고, 감정에 따라 행동이 달라진다는 것을 기본으로 하는 치료 방법이다. 즉, 사람의 생각을 바꾸도록 도와주면 감정과 행동도 호전된다는 것이다.

그런데 이 이론에서 모든 생각의 근원으로 보는 것을 '핵심 신념(core beliefs)'이라고 부른다. 핵심 신념은 나, 다른 사람, 세상에 대한 나의 근본적 믿음이다.

핵심 신념이 중요한 이유는 생각이 감정을 낳고, 감정이 행동을 낳을 뿐 아니라, 이러한 상황이 반복되면서 결과가 점점 자신이 믿는 신념대로 이루어져 간다는 데 있다. 나, 다른 사람 그리고 세상에 대한 긍정적인 신뢰가 있는 사람은 점점 신뢰 있는 환경을 만들어가게 되고, 그렇지 못한 사람은 점점 부정적인 결과를 쌓아가면서 결국 자신이 옳았다는 신념이 확고해진다. 우리가 사는 세상에 절대적 현실이란 없다. 애초에 현실이란 일어나는 현상을 감각을 통해 보고, 듣고, 느낀 다음, 그 입수한 정보를 뇌에서 나름대로 해석하고 이해한 것이기 때문이다. 우리가 다 다르게 났고 다른 환경에서 자랐으니, 같은 현상을 똑같이 보아도 그것을 해석하고 받아들이는 것은 각자 다르기 마련이다. 따라서 나의 현실은 내가 어떻게 생각하느냐에 따라 상당히 달라진다. 그래서 핵심 신념이 더더욱 중요하다.

예를 들어, 나는 사랑받지 못하는 사람이라는 핵심 신념이 있으면 사랑하는 사람이 생겨도 작은 갈등에서 '그럼 그렇지, 나를 진정으로 사랑하는 사람이 어딨어?'라며 절망한다. 그러다 보면 관계도 힘들어져 결국 유지되지 못한다. 아무도 나를 사랑하지 않는다는 생각에 우울감이 깊어지고, 사람을 더 꺼리게 되어, 점점 더 고립된다. 나는 정신과 의사로서 이런 상황을 상당히 많이 목격해왔다. 그리고 상담사와 정신과 의사들의 정신치료 중 상당 부분이 이렇게 삶을 힘들게 이끄는 부정적인 핵심 신념을 바로잡도록 도우는 일이다.

가장 중요한 건
자신에 대한 핵심 신념

핵심 신념 중 나에 대한 핵심 신념이 가장 중요하다. 자신에 대한 건강한 신념은 자존감의 근간으로, 어린 시절부터 심어주면 좋다.

"지영이는 하늘에 반짝이는 별 같은 존재야. 별에는 분화구도, 갈라진 부분도 있어. 그런 걸 다 합한 것이 별이야. 사람도 누구나 더 잘하는 면도 있고 더 못하는 면도 있고, 더 강한 면도 있고 약한 면도 있어. 그걸 다 포함해서 그 자체로 아름다운 별이야. 보석도 안을 잘 들여다보면 조금씩 흠이 있지만 그것까지 합해서 보석인 거야."

아이들의 경우 외모로 놀림감이 되는 경우도 생길 수 있다. 예를 들어 아이가 "내가 키가 제일 작다고 우리 반 친구들이 놀려"라고 말했다고 해보자. 그럼 어떤 부모는 아이를 돕겠답시고 "칼슘제를 먹어서 키를 키워보자, 운동을 하면 키가 커진대, 키높이 운동화 사줄게" 등의 말을 할 수 있다. 하지만 이런 태도는 키가 작으면 아이의 가치가 떨어진다고 가르치는 셈이다. "사실 현실이 그런 거 아닌가요?"라고 말할지 모르겠다. 하지만 미국에서 사는 나는 우리 사회가 특히 키에 가치를 많이 둔다고 느낀다(아마 아이들 밥 먹이는 데 이렇게 열성인 문화도 이와 관련 있을 것이다).

세계로 나가 보면 키는 큰 문제가 안 된다. 특히 미국 문화에서는 키뿐만 아니라 너무나 다양한 톤의 피부색과 천차만별의 체형과 외모를 가진 사람들이 모여 살기 때문에, 어떤 것이 좋다는 기준을 세우기 어렵다. 특별한 기준이 없다 보니 그 어떤 외모적 특징도 별 단점이 안 된다. 서양 배우나 가수 등을 봐도 톰 크루즈, 브루노 마스, 나탈리 포트먼 같이 키가 작은 편이지만 당당하고 멋있는 사람이 얼마나 많은가. 아이가 가진 어떤 특성이든 '너만의 고유한 특성이고, 그러한 여러 특성을 다 합쳐서 너는 가치 있는 사람이고 괜찮은 사람'이라고 말해주자. 부모 자신도 이런 자세로 살아가야 한다. 아이는 부모를 보고도 그런 자세를 배운다.

그러면 아이의 자존감은 절로 단단해진다. 나는 사랑받을 만한 사람이라는 핵심 신념이 뼛속에 깊이 박힌다. 남이 뭐라고 해도, 어떤 상황에 맞닥뜨려도 자신은 괜찮은 사람이라는 생각이 쉽게 흔들리지 않는다. 그리고 이렇게 믿는 사람은 스스로 존중받는 환경을 만들어간다. 미국의 포드 자동차를 창립한 헨리 포드는 "당신이 할 수 있다고 믿건, 할 수 없다고 믿건, 당신이 옳다(Whether you think you can or you think you can't, you are right)"라고 말했다. 나의 생각대로 현실이 점점 형성되는 것을 잘 표현한 말이라 하겠다.

우리 자녀들이 존중받고 사랑받는 현실에서 살아갈 수 있도록 '나는 존중받을 만한 사람이다, 나는 사랑받을 만한 사람이다'라는 핵심 신념을 꼭 심어주자.

부모 연습   아이와 함께 단점 극복하기

당당하게 드러내는 호두 까기 요법을 통해 부족한 점과 단점을 보듬어 안으면서 자존감을 올려보자.

Q 부모 자신의 부족한 점과 단점을 생각하고 적어보자.

Q 아이에게 자신의 부족한 점과 단점을 물어보고 적어보자.

Q 자신의 부족한 점과 단점을 보듬어 안는 건강한 핵심 신념을 적어보자.
(예시: 나는 친구 사귀는 것이 어려운데, 그래도 좋은 친구가 하나 있다. 나는 이런 점을 다 포함해서 참 괜찮은 사람이다. 나는 이것까지 다 합해서 가치 있는 사람이다. 나는 존재만으로도 가치 있는 사람이다.)

- 부모:
- 아이:

물

:
:

예민한 아이의
자존감을 올려주는
몸값 요법

어떤 성격에도
장단점이 있다

여러분은 예민한 사람인가? 주변에 예민한 사람이 있는가? 사실 우리가 흔히 '예민하다'고 하는 이 기질은 대개 어릴 때부터 드러난다. 어릴 때부터 낯선 사람 앞에서는 항상 엄마 뒤에 숨고 변화를 더 예민하게 느끼는 기질을 타고난 아이들이 있다. 이런 아이들은 불안이 조금 높을 수도 있다. 또, 다른 사람이 어떤 상태인지에 대해서도 좀 더 예민하게 반응한다. '엄마가 지금 기분 좋나, 아닌가?', '우리 집안이 지금 좋은 상황인가, 아닌가?' 하는 것에 상당히 민감할 수 있다.

  이런 아이들은 남의 의견에도 신경을 많이 쓰고 눈치를 본다. 남이 그냥 쓱 지나가는 말로 한 건데도 상처받을 수도 있다. 타고난 기질뿐 아니라 자존감이 낮을 때도 이런 반응이 나올 수도 있다.

  예민한 아이를 둔 부모는 걱정이 많다. 이렇게 예민한 아이가 커서 세상을 잘 살아갈 수 있을지, 다른 사람들한테 맨날 치이는 거 아닐지 걱정이다.

  모든 성향에는 장단점이 있어서 마치 동전의 양면과 같다. 예민함도 단점인 것처럼 보일 수 있지만 장점도 있다. 세심하고 남의 눈치를 많이 본다는 건 공감력과 배려하는 태도가 뛰어나다는 뜻이다. 이 가치를 잘 살리면 오히려 장점이 될 수 있다. 리더도 될 수 있다.

사람들이 공감력 있는 사람과 없는 사람 중 누구를 리더로 더 선호하겠는가. 당연히 전자를 선호한다.

또한 예민한 아이는 대체로 관찰력이 좋다. 남이 무엇을 말하고 상황이 어떻게 돌아가는지 면밀하게 관찰한다. 이런 사람들은 뭔가 관찰해서 기록하는 일을 잘하기 때문에 학자가 될 수도 있다. 그뿐 아니라 불편하고 갈등 있는 상황을 싫어하기 때문에 양보를 잘한다. 양보를 한다는 건 사실 성숙한 것이다. 너무 양보만 하는 것도 안 좋겠지만 이런 성향을 건강하게 잘 키우면 다른 사람의 필요도 살펴서 갈등을 잘 해결해내는 뛰어난 사람이 될 수 있다. 예민한 아이들은 조용하고 내성적인 경우가 많은데 이런 아이들은 자신만의 시간을 보내며 자기 성찰을 하는 능력도 뛰어나다. 대체로 생각이 많고 사고가 더 깊은 편이다. 세기의 관찰자였던 찰스 다윈과 평화주의자 간디는 예민했다는 기록이 있는 대표적인 사람들이다.

그러므로 예민한 아이를 뜯어고쳐서 예민하지 않은 아이로 만들어야 한다고 생각할 필요는 없다. 사람은 다양하고, 그 다양함에는 장점과 단점이 있으며, 그중 장점에 집중하면 된다.

아이가 자신의 예민한 성격 때문에 힘들어할 수 있다. 그러면 "별거 아닌 거 가지고, 왜 그렇게 걱정해?"라고 하는 것은 앞서 말한 공감의 원칙에 매우 어긋난다. 첫 반응은 늘 "아, 너가 이게 불편했었지?" 같이 아이의 마음을 인정해주는 말을 해주자. 그리고는, 그런 아이의 성향에도 장점이 있다는 것을 알려줘야 한다. "넌 정말 관찰력이 좋구나. 세심하게 잘 기록하는구나"처럼 장점을 칭찬해주자. 아이가 자신이 가진 고유한 잠재력을 펼쳐가도록 잘 도와주어야 한다.

부모가 건강한 자존감을 심어준 아이라면 학교에서 상처받는 말을 좀 듣더라도 그걸 내재화하지 않는다. '나는 왜 이렇게 소심할까? 이상한 사람이야'라며 침잠하는 대신 "사람은 다 다른 거거든. 좀 예민하다고 해서 꼭 나쁜 건 아니야. 좋은 점도 있는 걸"이라고 쿨하게 이야기할 수 있다.

이렇게 자란 아이는 세상 풍파가 몰려오면 비록 물에 좀 젖을지라도 막 녹아버리지는 않는다. 그리고 금방 마른다. 밥 짓기 요법만 제대로 잘해줘도 조금 더 예민하지만 조금 더 단단한 아이가 될 수 있다. 여기에 더해 아이의 자존감을 높여주는 방법을 통해 예민함을 장점으로 승화해주자.

사람들이 나를 어떻게 대할지는
나 자신이 정한다

특히 예민한 아이의 자존감을 키워주기 위해 내가 제시하는 방법은 '몸값 요법'이다. 내가 이 세상 사람들의 몸값을 매긴다면 누구의 몸값이 제일 높은가? 바로 나 자신이다. 아이에게 쉽게 이해시키기 위

해서는 이렇게 예를 들면 좋다. 내가 금 100돈의 가치가 있는 사람이라면 다른 사람의 가치가 그 100돈보다 높을 수 없다고 말이다.

이것은 내가 세상에서 제일 중요한 사람이고 세상은 나를 중심으로 돌아가야 한다는 오만한 뜻이 아니다. 나는 모든 사람을 존중해야 하지만 사실 가장 존중해야 할 사람은 나 자신이라는 뜻이다.

자기를 존중하지 않은 사람이 남을 존중한다는 것은 아이러니다. 자기 자신을 존중하지 않는 사람이 진짜 다른 생명을 존중할 수 있겠는가.

그만큼 자기 존중은 중요하며, 자존감의 가장 큰 기반이 된다. 그런데 기질적으로 남의 몸값을 조금 더 쳐주는 아이들이 있다. 예를 들면 친구가 기분 나쁠까 봐 해야 할 말을 못 하기도 하고, 더 안 좋은 경우에는 친구의 뜻에만 따라가는 시종처럼 되어버리기도 한다.

만약 아이의 친구가 장난감을 빌려가서 안 돌려줬다고 해보자. 그런데 아이는 친구가 기분 나쁠까 봐 달라는 말을 못 했다. 그러면 아이의 생각을 듣고 "아, 친구가 혹시 기분 나빠할까 봐 염려되는구나" 하며 불편한 마음은 충분히 공감해준 후에 다음과 같이 말할 수 있다.

"엄마가 말해줬지. 지영이의 존재만으로 소중하다는 것. 너도 다른 사람들도, 우리 모두가 보석 같은 존재야. 네가 금 100돈짜리 가치를 가진 사람인데, 다른 사람이 150돈짜리 가치일 수 없어. 그러니 네가 하고 싶은 정당한 말을 그 사람이 기분 나쁠까봐 못 하면 그것은 건강하지 않은 거야. 내일 가서 '미영아, 그거 다 썼어? 이제 나 필요하니까 돌려줘', 이렇게 이야기해봐."

이처럼 아이에게 먼저 의미를 설명해준 다음 기술도 좀 가르쳐줘야 한다. 그래도 말을 못 하겠다는 아이와는 상황극으로 연습해보는 것도 좋다. 부모가 모델링을 하며 보여주고, 다음에는 친구 역할을 해주고 아이에게 말하게 해보는 것이다. "잘했다. 용감했어"라고 칭찬해주고 목소리가 기어들어간다면 "엄마 목소리 크기에 맞춰봐"라고 기술을 가르쳐줘야 한다. 이렇게 연습하다 보면 아이가 점점 더 자기 의견을 이야기할 수 있게 된다. 그리고 부당한 요구에 당하지 않고 당당하게 자기 의견을 말할 수 있는 어른으로 성장하게 된다.

더불어 아이에게 이것도 가르쳐야 한다. 영어 표현 중에 '사람들이 너를 어떻게 대할지는 네가 가르치는 것이다(You teach people how to treat you)'라는 말이 있다. 어떤 사람이 자신을 하찮게 대하는데 그걸 그대로 받아들인다면 그 사람에게 나를 그렇게 대해도 된다고 가르치는 것과 같다. '나를 그렇게 대우하는 걸 받아들일 수 없다'는 것을 상대방에게 가르쳐야 한다. 나를 부당하게 대우하는 사람한테 "나한테 그렇게 대하면 안 돼요"라고 선을 긋는 연습을 반드시 어릴 때부터 시켜줘야 한다.

안타깝게도, 이렇게 예민하고 남의 기분을 잘 헤아리는 사람이 '호구'라고 불리기도 한다. 호의가 계속되면 권리로 안다는 말도 있다. 이렇듯, 내가 배려해주는 동안 나의 정당한 의사를 표현하지 않으면 상대는 나의 배려와 수고를 무료 서비스라고 생각하게 된다.

특히 예민한 아이에게는 이 몸값 요법을 반드시 가르치자. 사람 간의 관계는 저울과 같다. 내가 너무 떨어지는 관계도, 상대방이 너무 떨어지는 관계도 건강하지 않은 것이다. 자신을 가장 소중히 여기는 동시에 상대방을 존중해야 관계의 균형을 맞출 수 있다. 이것을 부모가 먼저 인지하고 아이에게도 가르쳐주자.

부모연습 예민한 아이의 자존감 올리기

예민하다는 것은 공감력과 배려하는 태도가 뛰어나다는 뜻이기도 하다. 아이와 함께 예민한 사람의 자존감을 키워주는 몸값 요법을 실행해보자.

Q 아이와 함께 예민한 성격의 장점을 생각해보자.

·
·
·
·

Q 내가 얼마나 소중한지 나 자신에게 해주고 싶은 말을 적어보자.

(예시: 나는 하늘의 별 같은 사람이다. 나는 존재 자체로 가치 있는 사람이다. 나의 모든 특성을 합해서 나는 가치 있는 사람이다.)

· 부모:

· 아이:

불

﹕
﹕

가치를 가르치면
어떤 경우에도
아이는 바로 선다

아이에게 꼭 가르쳐야 하는 4가지 가치

이번에는 밥 짓기의 기본 요소인 불, 즉 가치와 마음자세에 대해 알아보자. 1부에서 살펴보았듯 세상에 중요한 가치는 많다. 부모마다 추구하는 가치도 다 다를 것이다. 아이들에게 가르칠 가치도 많이 있지만, 가장 기본적으로 우리 아이들한테 가르쳐줘야 할 가치를 4가지로 추릴 수 있다. 한번에 너무 많은 가치를 알려주려 하기보다 이 4가지만이라도 반드시 가르치자. 이것만 제대로 가르쳐도 큰 걱정 없이 아이는 좋은 어른으로 성장할 것이다.

가치라는 것은 기초 공사와 비슷하다. 집을 짓는다면 맨 처음에 할 일이 땅을 파고 기둥을 박는 것이다. 가치 교육이 제대로 안 돼 있으면 다른 것을 아무리 잘했다고 해도 한번 폭풍이 불면 집이 쉽게 흔들리거나 무너질 수 있다.

맡은 일을 잘해내는 아이, 신뢰와 책임감

첫 번째 가치는 신뢰성(integrity)이다. 그 사람의 행동과 말이 옳고 진실하다는 뜻이다. '정직함'과도 상통한다. 미국의 투자가 워런 버핏은 사람을 뽑을 때 딱 세 가지를 본다고 한다. 첫 번째는 얼마나 똑똑한가(Intelligence), 두 번째는 얼마나 주도적으로 일하는가(Initiative), 세 번째가 신뢰성(Integrity)이다. 이것을 '세 가지 I(3 I's)'라고 부른다.

버핏은 첫 번째 두 개가 아무리 훌륭해도 신뢰성이 없는 사람을 고용하면 '큰 낭패를 본다(It will kill you)'고 말했다. 똑똑하고 주도적인데 신뢰성이 없으면 세기의 사기꾼이 될 수도 있다. 이런 사람이 리더가 되면 부패한 조직이 될 우려가 있다.

아이를 훈육할 때의 기본 자세는 야단치는 것도, 나무라는 것도 아니고, 바로 가르치는 것이다. 특히 가치를 가르칠 기회가 있으면 가치를 기반으로 훈육하면 좋다. 만약 아이가 숙제의 답을 베끼고 있다고 해보자. 그러면 "왜 베끼고 있니? 네가 해야지. 게으르게…"라거나 "이래가지고 공부가 되겠어?"라고 하기보다는 가치를 일깨워주면 좋다. "사람이 진실성 있고 정직한 거 가장 중요하다고 했지? 숙제를 베끼는 게 정직한 거니?"라고 말하는 것이다.

두 번째 가치는 상당수의 부모가 이미 강조하면서 가르치고 있는 것이다. 그것은 바로 책임감(responsibility)과 성실함(diligence)이다. 즉 내가 맡은 일은 최선을 다해 열심히 한다는 것이다. 그런데 이것도 결과만 너무 강조하면 과정을 무시할 수가 있다. '성과가 좋으면 수단과 방법을 가리지 않아도 된다'는 자세를 허용하지 않도록 주의해야 한다.

그럼 구체적으로 어떻게 해야 할까? 예를 들어보자. 아이에게 쓰레기 버리는 역할을 주었는데, 아이는 텔레비전을 보다가 귀찮아져서 그 일을 하지 않았다. 그때 부모가 이렇게 말한다.

"너 쓰레기 버린다고 해놓고 왜 안 버렸어? 매일 티비만 보고 너는 뭐 제대로 하는 게 없니?"

이렇게 아이를 그저 비난하기보다는 가치를 넣은 훈육을 하자. 이렇게 말하는 것이다.

"자기에게 맡은 바를 최선을 다해서 완수하는 건 중요하다고 했지? 우리 지영이가 맡은 일은 쓰레기를 버리는 일이었어. 그 책임을 오늘 완수했니?"

더 큰 사람으로 만드는
기여와 배려

세 번째는 기여(contribution)다. 기여라고 하면 '어휴, 뭐 남 좋은 일 하라고?'라는 생각이 들 수 있는데 꼭 그렇지 않다. 기여가 기부나 봉사활동만을 의미하는 것이 아니다. 나의 재능을 가지고 타인과 세상에 뭔가 도움이 되는 일을 하는 것이다. 예를 들어 디자인에 재능이 있는 사람이 좋은 영상을 만든다면 그게 기여임과 동시에 일이 되고 그로 인해 보상을 받게 된다. 보통 기여를 더 크게 하는 일을 할수록 보상도 커진다. 이런 사람에게 기회도 더 주어진다. 그래서 크게 기여하는 사람일수록 사회적으로도 좀 더 크게 성취한 사람이 될 수 있다.

그러므로 어릴 때부터 기여를 가르쳐야 한다. 아이들에게는 자신이 속한 그룹에 보탬이 되는 사람이 되라고 가르치면 된다. 먼저 가족의 한 구성원으로서 모든 것을 그저 받아만 먹는 것이 아니라 보탬이 될 수 있는 일을 맡아서 하도록 가르친다. 아이가 아주 어릴 때부터 "밥상에 숟가락 놓는 것은 너의 일이야. 밥상 닦는 것은 너의 몫이야. 자신이 먹은 걸 치우는 것은 각자의 책임이란다"라고 가르치는 것이다.

"아무것도 하지 말고 내가 다 해줄 테니 너는 공부만 해라"라고 하는 것을 흔히 본다. 이 말은 기여를 가르치는 것과 완전히 반대되는 것이다. 그렇게 교육받은 아이는 성적이 좀 더 좋을지는 모르나, 성인이 되어 어떤 조직의 구성원이 되었을 때 어떻게 기여해야 하는지를 모른다. 시키는 일은 잘할지 모르겠지만 리더가 되기는 어렵다. 기여라는 가치를 모르고 그저 자신에게 요구된 일만 하는 사람은 일의 더 큰 의미를 찾기도 힘들다. 자신이 기여하고 있다는 느낌은 뿌듯함을 주며 큰 내적 동기를 부여한다. 기여는 아이의 성장과 발전을 위해서도 꼭 필요한 것일 뿐만 아니라, 우리 사회가 서로 도우며 발전하는 일이기도 하다.

실제로 내 강의를 들은 한 어머니가 이런 이야기를 들려주었다. 이 어머니는 일곱 살짜리 아이에게 유치원 갔다 오면 도시락과 물통을 꺼내서 싱크대에 넣어 놓으라고 가르쳤다. 그런데 아이가 "싫어, 엄마가 해줘"라며 거부했다. 그러자 어머니는 아이한테 스티커도 줘보고 용돈도 줘보고 칭찬도 해보았다(각종 외적 동기 부여). 그러나 늘 피하려고만 하는 아이를 설득할 수 없었다.

그러다 가치를 가르쳐주라는 내 강의를 듣고 접근법을 바꿨다. 아이에게 "지영이가 도시락과 물통을 싱크대에 넣어 놓으면 우리 가족에 보탬이 되는 사람이 되는 거야"라고 말해준 것이다. 그 말 한마디에 아이가 변해서 집에 돌아오면 바로 도시락과 물통을 싱크대에 넣더라는 것이다. 왜 아이의 태도가 바뀌었을까? 그전까지는 의미도 모르고 가치도 모른 채 그냥 엄마가 시키는 하기 싫은 일일 뿐이었는데, 이제 그 일에 '기여'라는 의미와 가치를 부여받았기 때문이다. '내가 비록 일곱 살밖에 안 됐지만 이렇게 하면 우리 식구들한테 보탬이 되는구나'라고 생각하니까 스스로 뿌듯해지면서 강한 내적 동기가 생긴 것이다.

기여의 연장선상에서 네 번째로 가르쳐야 하는 가치는 바로 배려(consideration)다. 기업이 무조건 잘나고 일 잘하는 사람만 뽑는가? 그렇지 않다. 자기만 잘나가는 것을 추구하는 사람인가, 다른 사람도 함께 발전할 것을 생각하는 사람인가를 고려한다. 고용주는 당연히 후자를 뽑을 것이다. 아이에게 남에 대한 배려도 어려서부터 가르쳐야 한다. 어떤 일을 하건 다른 사람의 상황도 생각하고 다른 사람에게 피해를 주면 안 된다는 것, 오히려 타인에게도 득이 되도록 함께 도와가며 살아야 한다는 것을 가르쳐야 한다.

예를 들면 아이가 거실 쇼파에 이것저것을 어질러놨을 때 "청소 좀 해. 집구석이 왜 이러니?"라고 야단치기보다는 "거실에 지영이 물건이 많이 있네. 이러니까 엄마가 편안하게 앉아 쉴 자리가 없어. 서로 배려하고 남을 생각해줄 줄 아는 것은 중요해"라고 이야기하는 것이다. 그러면 아이도 그 가치에 빗대어 자기 자신을 보게 된다. 이런 방식은 가치를 가르쳐줄 수 있을 뿐 아니라 훈육에도 더 효과적이다. 물론 여러 가지 다른 훈육법이 있지만 좀 복잡한 대화법은 부모가 실제 상황에 적응하기 어려운 면도 있는 것 같다. 그러나 이처럼 4가지 중요한 가치를 가르치는 방향의 훈육은, 비교적 간단해서 많은 부모가 쉽게 활용하고 있다.

밥을 지을 때 불이 꺼지면 안 되듯이, 아이에게 기회가 있을 때마다 지속적으로 4가지 가치를 설명해주자. 이런 가치를 체득하며 자란 아이는 기초가 단단한 집처럼 쉽게 쓰러지지 않을 것이고, 어디서 무엇을 하든 더 많고 큰 기회를 맞을 것이다. 혹여 시작은 초라할지라도 차근차근 성장해 분명 빛을 낼 것이다.

긍정적인 마음자세,
아이의 평생을 지탱한다

앞에서 강조한 가치교육만큼이나 중요한 부분이 살아가는 마음자세를 가르치는 것이다. 마음자세에도 여러 가지가 있지만, 나는 물론 여러 전문가가 말하는, 삶에 가장 도움이 되는 마음자세는 '긍정적인 마음자세'다.

긍정적인 마음자세는 모든 것이 무조건 다 잘될 거라는 태도와는 다르다. 이건 현실감이 없는 생각일뿐더러, 그렇지 않았을 때 실망과 좌절이 더 클 수도 있다. 긍정적인 마음자세는 어떤 상황에도 좋은 점과 나쁜 점이 공존한다는 생각이다. 살다 보면 좋은 일도 있을 것이고 나쁜 일도 일어날 수 있다. 그런데 어떤 일이든 백 퍼센트 좋기만 하거나 백 퍼센트 나쁘기만 한 일은 거의 없다.

성격도 마찬가지다. 백 퍼센트 좋기만 하거나 나쁘기만 한 성격은 없다. 이 점을 아이한테도 가르쳐줘야 한다. 아이가 살아갈 인생에도 굴곡이 있고 넘어지기도 할 것이지만 이것을 미리 배운 아이는 나쁜 일에 쉽게 좌절하지 않고 좋은 일에 쉽게 오만해지지 않는다.

한 예로, 놀기 좋아하는 열 살짜리 아이가 있었다. 학교 갔다 오면 놀이터에 가서 세 시간씩 놀았고 부모도 마음껏 놀게 해줬다. 그런데 어느 날 어떤 아이가 코로나19에 걸려서 놀이터가 폐쇄됐다.

아이는 상상할 수 없는 일이 벌어진 것처럼 슬퍼했다. 엄마는 어찌할 바를 모르다가 나의 강의에서 들은 바를 이야기해줬다.

"이 세상에 어떤 상황도 다 나쁘거나 다 좋기만 한 건 아니래. 좀 나빠 보이는 상황에도 좋은 점이 있을 수 있대."

엄마 자신도 미심쩍어하면서 이야기를 한 것이다. 그랬더니 아이가 "아니 놀이터가 닫았는데 좋은 일이 뭐가 있어?"라고 했다. 엄마는 아무 말도 하지 못했다.

그런데 그날 저녁에 아이가 웃으면서 꽃다발을 들고 왔다. 놀이터가 문 닫아서 다른 곳에 갔는데 화단에 꽃들이 떨어져 있었고 그 꽃들을 줍고 노는 게 너무 재미있었다는 것이다.

"엄마 말이 맞았어. 우리 놀이터가 안 닫았으면 내가 이런 걸 어떻게 알았겠어?"

그 후 한 6개월이 지나서 엄마는 그 일을 잊어버렸다. 이 아이는 컴퓨터로 소설을 쓰는 취미가 있었는데 하루는 저장을 못해서 쓴 글이 날아가버렸다. 당연히 아이는 울고불고 난리가 났다. 그런데 몇 시간이 지나 아이가 오더니 이렇게 말하는 것이다.

"엄마 말이 맞았어. 어쩔 수 없이 새로 쓰는데 좋은 캐릭터가 하나 더 생각났어. 쓴 것을 날리지 않았다면, 이 좋은 캐릭터를 떠올리지 못했을 것 아냐?"

엄마도 잊고 있던 6개월 전의 가르침을 아이는 새기고 있었던 것이다. 어릴 때 가치와 마음자세를 가르쳐주면 아이들은 그것을 머리에 장착한다. 가치 교육은 평생 간다. 이 아이가 앞으로 어떻게 인생을 살아갈지 상상해보라. 긍정적인 마음자세를 아는 아이는 살아가면서 어떤 나쁜 일을 맞아서도 절망하지 않고 괜찮은 면을 찾아낼 것이다. 그래서 이걸 배우지 않은 아이보다 훨씬 더 용감하게 회복탄력성을 가지고 삶을 살아가게 될 것이다.

수학이나 영어, 피아노 같은 걸 가르치는 것도 좋지만 가치와 마음자세를 한번 가르치면 이것은 평생 아이가 항해하는 데 등대가 되어준다. 인생의 굽이 굽이에서 선택을 할 때마다 스스로의 삶의 기준에 따라 결정할 수 있게 되고, 좌절하게 되었을 때도 쉽게 주저하거나 포기하지 않는 회복탄력성을 보이게 된다.

부모가
롤모델이 되어라

그런데 가치와 마음자세를 아이에게 가르치기 전에 명심해야 할 게 있다. 부모 자신은 가치를 중요시하지 않는 행동을 하면서 그것을 아이한테 가르치는 건 모순일 뿐 아니라, 거의 불가능하다는 것이다. 제일 좋은 가르침은 부모가 모범을 보이는 것이다. 그러면 아이가 '삶은 저렇게 살아야 하는구나' 하고 은연중에 배우게 된다. 밖에 나

가서 다른 어른이나 친구들한테 영향을 받을 수도 있지만 부모의 영향은 다른 영향과는 비교도 안 될 정도로 크다. 부모에게 배운 가치가 단단하게 서 있는 아이는 바깥 것에 의해 잠시 주춤할 수는 있지만 그게 아이를 무너뜨리지 못한다. 그러려면 부모가 먼저 확신을 가지고 실천하며 가르쳐야 한다.

물론 부모도 완벽하지 않다. 아이가 "엄마는 그렇게 안 하면서 왜 나한테만 하래"라고 말할 수 있다. 그러면 아이한테 이렇게 이야기하자.

"이건 참 중요한 부분이라 엄마(아빠)도 노력하고 있어. 같이 노력하고 성장해보자."

앞에서도 말했지만 부모가 자녀 앞에서 가장 내려놓아야 할 자세가 '나는 문제가 없고 모든 걸 알고 있다'는 자세다. 자녀와 함께 성장한다고 생각해야 한다.

지금까지 말한 네 가지 가치와 긍정적인 마음자세는 틈날 때마다 지속적으로 가르쳐주고 본을 보여야 한다. 그래야 아이가 이것을 완전히 자기 것으로 내재화할 것이다. 이것은 삶이라는 집을 지을 때의 기둥이 된다. 기초 공사가 부실하고 기둥이 제대로 박히지 않은 집은 아무리 고급 마감재를 쓴들 쉽게 무너질 수 있는 집이 된다. 따라서 밥 짓기 요법의 '불'인 가치와 마음자세 교육은 사랑과 보호 다음으로 부모가 해야 하는 필수적인 가르침이라는 것을 명심하자.

부모 연습   4가지 가치 가르쳐보기

신뢰성, 책임감과 성실함, 기여, 배려(기억하기 쉽게 '정직, 성실, 기여, 배려'라고 해도 좋다.) 등의 가치는 부모가 아이에게 기본적으로 꼭 가르쳐줘야 할 가치다. 아이를 훈육할 때 이 4가지 가치 중 무엇을 가르쳐야 할 것인지 생각하고 훈육해보자.

Q 행동과 말이 옳고 진실하다는 뜻의 신뢰성

Q 맡은 일에 최선을 다해 성실하게 임한다는 책임감과 성실함

Q 내가 가진 재능으로 세상에 도움이 되는 일을 하는 기여
(내가 속한 그룹에 보탬이 되는 사람이 된다.)

Q 타인의 상황을 생각하고 피해를 주지 않으며, 상부상조하는 배려

Part 2

Essential Parenting

아이를
움직이는
　힘을
알아라

경쟁보다
강력한 원동력,

:
:

내적 동기

아이를 움직이는 힘,
내적 동기 vs 외적 동기

지금까지 육아의 기본 중에 기본인 밥 짓기 요법에 대해 알아봤다. 그런데 강의를 할 때 밥 짓기의 기본 요건인 사랑과 가치 교육에 대해 한참 이야기하면 듣고 있던 부모들의 눈에서 무슨 말을 하는지가 보인다. 그것만으로 과연 아이가 이 험난한 세상에서 성취하며 잘 살아갈 수 있을지 의구심을 갖는 것이다. 지금부터는 그 의문에 대한 답을 하고자 한다.

우리 부모들이 치열하게 일하며 살아가다 보면 경쟁이 가장 강한 원동력이라고 착각하기 쉽다. 그래서 우리 아이에게도 그 논리에 따라 동기를 자극해보려고 한다.

"옆집 애는 1등도 한다는데 반에서 중간은 해야 할 거 아니야. 이리 해서 앞으로 뭐 먹고 살래?"

다른 사람과 비교해서 내가 더 나아야 한다는 생각이 아주 깊이 박혀 있다. 경쟁 논리로 아이를 키우지 말라는 말은 나 외에도 많은 전문가가 한다. 그러면 부모들은 이렇게 항변한다.

"아이들이 경쟁하지 않고 공부를 어떻게 해요?"

"저도 그렇게 하고 싶지 않은데 이놈의 입시 제도가 바뀌지 않는 한 어쩔 수 없어요."

"우리 아이만 뒤처질까 봐 너무 불안해요. 그게 맞는 건 아는데 못 하겠어요."

이에 대해 몇 가지 답을 주고자 한다. 우선 첫 번째로, 아이가 경쟁을 안 하면 어떻게 공부를 하느냐 하는 문제다.

어떤 행동을 하게 하는 힘, 즉 동기는 크게 두 가지로 구분해볼 수 있다. 외적 동기와 내적 동기가 그것이다. 그 일 자체와는 무관하게 일을 함으로써 외부에서 오는 보상이나 벌을 주는 경우가 외적 동기다. 돈, 성적, 보너스, 상, 칭찬, 처벌, 벌금 등은 다 외적 동기다. 반면 그 일 자체가 주는 가치와 의미(봉사, 정의, 사랑, 기쁨)나 그 일 자체에 대한 흥미, 호기심, 만족감처럼 나의 내면에서 나오는 것이 내적 동기다.

내적 동기가
더 강하고 오래간다

분명한 사실은 외적 동기보다 내적 동기가 강하고 오래간다는 것이다. 아이한테 용돈을 줘서 어떤 일을 시키는 경우를 생각해보자. 아이가 돈이 필요할 때는 돈을 준다고 하면 시키는 일을 할 것이다. 그런데 용돈이 충분하거나, 사고 싶은 것이 별로 없을 때처럼 돈이 더 이상 필요하지 않으면 안 하려고 할 것이다. 이는 당연한 일이다.

어른들도 그렇지 않은가. 연봉이 인상되면 당연히 좋다. 처음에는 인상되면 열심히 일해야겠다고 생각할지도 모른다. 하지만 그 동기가 얼마나 가는가. 연봉이 인상된 기쁨은 머지않아 사라진다. 더 열심히 일하게 만들고 싶다면 계속해서 연봉을 올려줘야 한다. 이처럼 외적 동기는 계속 똑같이 제공하면 시간이 갈수록 그 효과가 줄어든다.

그럼 사람을 움직이는 내적 동기에는 어떤 것들이 있을까? 우선 사랑은 인간에게 있어 가장 큰 동기가 된다. 부모 여러분이 아무리 힘들어도 열심히 일하고 살아가는 이유는 무엇인가? 자식에 대한 사랑이 그 동기일 것이다. 형제자매 또는 남녀 사이의 사랑도 자신을 희생하기까지 하는 매우 큰 내적 동기가 될 수 있다.

소속감도 인간에게 매우 중요한 내적 동기 중 하나다. 간혹 예외적인 사람도 있지만 대부분의 사람에게는 어떤 그룹에 소속되고자 하는 강한 욕구가 있다. 가장 흔한 예는 가족에게 느끼는 강한 소속감이다. 우리 가족에 대한 소속감은 그 자체로 큰 의미와 안정감, 기쁨을 준다. 가족이 나에게 돈을 줘서 좋은 게 아니라 내가 이 가족 구성원이라는 것 자체가 행복감을 주는 것이다. 그래서 우리는 우리가 속한 크고 작은 공동체에 기여하고 함께하려고 노력한다. 물론 소속감을 갖기 위해서, 그에 맞추기 위해 진정한 자신을 잃는 건강하지 못한 경우도 있기는 하지만, 건강한 소속감은 인간에게 큰 발전과 성장의 동기가 된다.

앞서 강조한 가치들도 중요한 동기다. 우리가 살아가다 보면 외적 동기와 내적 동기가 부딪히는 상황이 생길 수 있다. 예를 들어 많은 돈을 대가로 다른 사람에게 해가 되는 일을 해야 하는 극적인 상황에 처했다고 해보자. 이때 가치가 제대로 자리 잡은 사람은 강한 외적 동기에도 불구하고 흔들리지 않는다. 반면 가치가 제대로 서지 않은 사람은 유혹적인 외적 동기에 쉽게 휘말린다.

부모가 결과에 따른 보상과 같은 외적 동기에 너무 집착하며 아이를 키우면 아이의 내적 동기를 오히려 약화시킬 수 있다. 또한 가치가 바로 서고 서로 화합하면서 발전하는 사회를 위해서라도 우리 아이들을 내적 동기가 강한 아이, 내적 동기를 원동력으로 삼는 아이로 키우면 좋다.

내적 동기와 외적 동기를 혼돈하는 경우가 간혹 있다. '남을 돕는 것도 외부에 관련된 것이니 외적 동기 아니냐'는 질문을 받은 적이 있다. 하지만 내적 동기는 그 행위 자체에서 오는 동기다. 만약에 남을 돕는 행위가 기여와 배려라는 가치를 위해서, 내가 그들을 돕고자 하는 순수함에서 나온 것이 아니라, 남에게 칭찬을 듣거나 어떤 식으로든 대가를 바란 것이라면, 외적 동기가 크게 개입했다고 하겠다. 반면 내가 그 행동을 하는 것 자체가 기쁘고 뿌듯해서 한다면 내적 동기로 움직이는 것이다.

예를 들어, 엄마가 천 원을 줄 테니 설거지를 하라고 한다면, 엄마를 도와준다는 배려와 기여의 의미가 아니라 금전적 이익을 얻는 것이 동기가 된다. 이러한 외적 동기는 그 행위와는 직접적인 관계가 없다. 천 원이라는 돈과 설거지 사이에는 직접적인 연관성이 없다는 말이다.

벌도 마찬가지다. 나쁜 일을 하면 벌을 받기 때문에 나쁜 일을 안 한다면 이것은 외적 동기에 의한 것이다. 다른 사람한테 피해를 주면 안 된다는 나의 가치에 따라 나쁜 일을 안 하는 것이 내적 동기에 의한 것이다.

성공한 사람들이 말하는
최고의 원동력

많이 성취한 사람들이 공통적으로 말하는 내적 동기가 있다. 앞에서 중요한 가치로 소개했던 '기여(service, contribution)'가 바로 그것이다. 아이에게 기여의 가치를 꼭 가르쳐야 한다고 했는데, 그것이 내재화되어 나의 가치가 되면 내적 동기가 된다.

기여는 간단히 말하면 '나에게 주어진 것으로 세상에서 무엇을 하는가'다. 자기실현도 매우 중요한 동기지만, 여기서 한 차원 더 나아간 내적 동기가 기여다. 내가 가진 것으로 인해 다른 사람들의 삶을 더 좋아지게 한다면, 나아가 세상을 더 좋은 곳으로 만든다면 그것보다 더 보람 있고 값진 일은 드물다.

이런 말을 하면 어떤 부모는 요즘 흔히 하는 말로 "그러다 남 좋은 일만 시키는 호구 되는 거 아니에요?"라고 묻는다. 하지만 실제로는 그렇지 않다. 성공한 사람들, 우리가 우러러보는 사람들은 다 기여라는 동기에 의해 거기까지 갔다고 해도 과언이 아니다. 기여라는 내적 동기를 가진 사람에게는 더 많은 성장의 기회가 주어지기 때문이다.

기여라고 하면 테레사 수녀처럼 자기를 다 버리면서까지 남을 위해 사는 사람을 떠올리기 쉽다. 물론 그것은 위대한 기여다. 하지만 그렇게까지 거창하게 생각하지 않아도 된다. 우리 같은 평범한 사람들도 자신이 가진 재능으로 자기실현도 하고 더 나아가 다른 사람들에게 도움이 될 수 있다.

예를 들어, 식당을 하는 사람이라면 더 맛있고 좋은 음식을 만들어서 제공하려고 노력하고, 그것으로 인해 사람들이 음식을 맛있어하고 건강해진다면 매우 의미 있는 기여인 것이다. 게다가 맛있고 좋은 음식으로 소문이 난다면, 더 많은 사람이 찾게 될 것이고 식당은 더 흥할 것이다. 환경미화원, 컴퓨터 프로그래머 등 다른 일의 경우도 마찬가지다. 자신의 재능과 수고로 인해 남의 삶과 사회가 조금 더 좋아진다면 그것이 바로 기여다. 이처럼 직업을 기여에 연결해보면 좀 더 보람 있는 직업을 찾을 수 있다.

　게다가 기여를 많이 하는 사람에게는 더 많은 기회가 주어지고, 대가도 더 많이 주어지게 마련이다. 그러므로 기여는 나만 좋아지라고 하는 것도, 남들만 좋아지라고 하는 것도 아니고 다 함께 좋아지는 길이다. 많이 성취하는 사람들은 대부분 자신의 재능으로 더 기여하고 싶다는 생각이 강한 사람들이다. 기업을 봐도 그렇다. 기여에 대한 비전 없이는 회사가 어느 정도까지는 성장할 수 있을지언정, 지속적으로 성장하는 백 년 가는 기업이 되기 어렵다. 전 세계적으로 성공한 회사라고 손꼽는 애플사의 경우 공동 창업자 스티브 잡스가 쓴 회사의 비전은 다음과 같았다.

　"인류의 진보를 일으키는 데 쓰일 도구를 만들어 온 세상에 기여한다(To make a contribution to the world by making tools for the mind that advance humankind)."

　애플사는 이를 실제로 이루기도 했고, 지속적으로 이런 비전을 추구하고 있다. 이렇듯, 기여를 큰 가치로 품고 살아가는 사람 혹은 회사가 더 멀리 가고 더 크게 성장할 수 있다는 것을 부모도 알아야 하고 아이에게도 전해주어야 한다.

　그럼 어떻게 하면 이 같은 내적 동기를 심어줄 수 있을까? 아이들에게서 저절로 나오는 강한 내적 동기는 바로 흥미와 호기심이다. (거기에 가치를 가르치면 성실, 배려, 기여 같은 내적 동기도 점점 강해지게 된다.)

생텍쥐페리는 누군가에게 배 만드는 것을 가르쳐주어야 한다면 드넓은 바다를 보여주라고 했다. 많은 부모가 배 만드는 법을 가르치기 위해 "배를 만들어야 하는데 말이지, 먼저 나무를 이렇게 잘라서 연장을 이렇게 쓰고…" 하면서 기술을 하나하나 가르쳐주려고 한다.

그러지 말고 아이를 데리고 바다를 가보라. 아이는 바다를 보고 '저 넓고 아름다운 바다는 어떤 곳일까, 저 뒤에 뭐가 있을까?'라고 호기심을 느끼고 '배를 타고 저기를 가봐야겠다, 탐험해보고 싶다'는 마음을 품게 된다. 그러면 부모가 굳이 배 만드는 법을 일일이 가르쳐줄 필요가 없다. 자기가 알아서 공부할 것이기 때문이다. 이게 바로 '영감'이라고 부르는 내적 동기다.

아이에게 세상에 대한 호기심과 영감을 불어 넣어주는 부모가 되자. 그러면 아이는 자신의 삶을 스스로 개척하며 필요한 기술과 지식을 스스로 배워갈 것이므로.

백세 시대에
'의미'가 주는 힘

내가 현실 육아와 너무 거리가 있는 이상적인 이야기를 하는 것 같은가? 그렇다면 이런 질문을 해보고 싶다. 지금처럼 20년 동안 아이 옆에서 밀착 육아를 하면서, 수많은 돈과 시간으로 들여 시간표까지

다 짜줘 가면서 아이를 공부시키는 것은 쉬운가? 그런다고 정말 아이가 행복하게 살게 될까? 지금의 방법이 낫다고 얼마나 확신하는가? 에너지와 비용은 부담스러울 정도로 들고, 스트레스는 스트레스대로 받아 부모와 아이가 우울해지고, 그만큼 관계는 험악해지는 길을, 남들이 다 걷는다는 이유로 나도 걸을 것인가?

내적 동기를 심어주는 길이 여러분이 지금 하고 있는 방식보다 훨씬 더 수월하고 즐겁고 효과적이다. 아이에게 공부 외의 많은 경험을 시켜주고 아이의 관심과 흥미를 잘 관찰해서 지지해주어라. 아직 아이이기 때문에 아이의 흥미는 얼마든지 변할 수 있지만 그것 또한 정상적인 발달 과정이다. 그렇게 아이에게 흥미와 호기심, 그리고 의미라는 내적 동기를 북돋아주는 것이 진정한 부모의 역할이다.

우리 아이들은 백세 시대를 살 것이다. 스무 살에 좋은 대학교에 들어가면 그게 남은 80년을 보장해줄 거라고 생각하는가? 그렇지 않다. 오히려 부모가 심어준 가치와 마음자세 그리고 '내적 동기를 찾아 살아가는 법'이 아이의 평생을 지탱한다.

인간은 의미를 찾고 싶어 한다. 직장에서 굉장히 힘든 일을 시키는 상황에서 이 일의 의미를 설명해주는 경우와 그렇지 않은 경우는 엄청난 차이가 난다. 이 일을 왜 하는지 그 의미도 모르는 채로 일을 하면 능률도 오르지 않고 만족이나 보람도 느낄 수 없다. 오히려 쉽게 짜증이 나고, 더 힘든 상황에서는 억울한 마음까지 든다.

인간에게 '의미'는 경쟁보다 강한 원동력이다. 그리고 의미는 바로 그 일 자체에서 우러나는 내적 동기다. 외적 동기는 있지만 의미가 없는 채로 일을 하면 성과를 달성할 수 있다 하더라도, 마음이 쉽게 지칠뿐더러 오랜 기간 지속하기는 어렵다. 내가 어떤 일을 하고 누군가를 설득하거나 함께 일을 할 때 '이 일을 하는 의미는 뭔가?', '저 사람에게 이 일의 의미는 뭔가?'를 생각해야 더 강한 원동력으로 오래 지속할 수 있다.

부모 여러분이 아무리 힘든 일도 우리 아이를 위해서라면 해내는 것도 다 한 아이를 성숙한 성인으로 길러낸다는 숭고한 의미가 있기 때문 아닌가. 부모 자신도 삶을 살고 일을 하면서 '이게 어떤 의미가 있는가?'를 찾아보고 아이들에게도 외적 동기보다는 내적 동기를 부여하도록 노력해보자.

부모 연습   내적 동기 찾아보기

어떤 행동을 할 때는 외적 동기보다 내적 동기가 더 강한 원동력이다. 실행력을 고취시키는 내적 동기에 관해 이야기해보자.

Q 부모 자신의 내적 동기는 무엇인지 적어보자.

Q 아이가 스스로 했으면 하는 일은 무엇인지 생각해보자.

Q 그 일을 하는 데 부여할 수 있는 내적 동기는 무엇인지 적어보자.

외적
동기의

:

함정

외적 동기는
내적 동기를 약화시킨다

사람이, 특히 아이들이 경쟁과 보상 같은 외적 동기 없이 어떻게 움직이냐고 물을 수 있다. 외적 동기도 당연히 필요하다. 다만 외적 동기에는 유의할 점이 있다. 그건 바로 외적 동기를 부여해버리면 원래 있던 내적 동기가 약해진다는 사실이다.

예를 들어보겠다. 어떤 동네에 한 할아버지네 집 앞에 넓은 공터가 있다. 문제는 동네 아이들이 매일 이 공터에 와서 노는 바람에 너무 시끄러운 것이다. 보통 어른 같으면 아이들한테 다른 데 가서 놀라고 했을 것이다. 이 할아버지도 그렇게 해봤지만 애들이 말을 듣겠는가. 이 공터처럼 놀기 좋은 곳이 없는데!

고심 끝에 이 할아버지는 아이들이 올 때마다 1달러씩을 주면서 "열심히 놀다 가라"고 말했다. 아이들은 당연히 기뻐하면서 더 열심히 왔다. 그러다 2주쯤 지났을 때 할아버지가 말했다.

"얘들아, 내가 이제 돈이 없어서 여기 와서 놀아도 더 이상 돈을 못 주겠다."

그러자 아이들이 어떻게 했을까? 그 후로 공터에 오지 않았다. 왜 이런 일이 일어났을까? 아이들이 처음에는 돈 때문에 온 게 아니라 그냥 거기서 노는 게 재미있어서 왔었다. 그런데 돈이라는 외적 동기가 주어지기 시작했다. 그러자 점점 외적 동기를 위해 오는 것이 되었다. 놀이였던 것이 마치 돈을 벌기 위한 일처럼 조금씩 변질된 것이다. 그러다가 외적 동기가 딱 끊어지니 왠지 흥이 떨어진 것이다. 게다가 왠지 돈 받고 할 일을 공짜로 해주는 것 같아 좀 억울한 느낌까지 든다. 이처럼 외적 동기가 있어야 뭔가를 하는 패턴을 만들면 그 행위 자체의 의미를 찾기가 쉽지 않다. 즉 내적 동기를 키우지 못하게 된다. 심지어 있던 의미조차 사라지게 된다.

또 다른 예를 들어보자. 어떤 어린이집에서 아이를 늦게 데리러 오는 부모에게 벌금을 매겼다. 벌금, 즉 외적 동기를 주면 제때 아이를 데리고 갈 거라고 생각한 것이다. 한 시간 늦을 때마다 2만 원 정도를 벌금으로 매겼다. 과연 상황이 나아졌을까? 아니, 오히려 늦게 오는 부모가 더 많아졌다. 왜 그럴까?

부모가 아이를 제때 데리러 오는 이유는 내적 동기 때문이다. 아이에 대한 사랑과 책임감, 아이를 실망시키고 싶지 않은 마음, 어린이집 교사들한테 피해를 주고 싶지 않은 마음. 다 내적 동기다.

그런데 이제부터 벌금을 받겠다고 한 순간부터 외적 동기가 작용하면서, 내적 동기를 약화시킨다. 약속 시간에 늦어도 '벌금만 내면 내 책임을 했다'라고 생각한다. 죄책감, 책임감, 미안한 마음 같은 것이 벌금으로 상쇄가 되고 내적 동기가 약해지는 것이다. 그렇기 때문에 외적 동기만으로 아이를 움직여보겠다는 생각은 주의해야 한다.

공부에 보상을 주면
공부가 일이 된다?

아이가 공부를 하면, 혹은 책을 읽으면 돈으로 보상하는 부모가 있다. 시험을 잘보면 선물을 사주겠다고 한다. 그러면 아이한테는 공부라는 행위가 일처럼 된다. 그러나 외적 보상 때문에 공부하는 아이는 공부하는 게 즐거워지기가 오히려 어렵게 된다. 어떤 행위 자체를 즐겁고 흥미롭게 하는 것이 아이들에게는 최고의 동기다.

비슷한 예로, 홀로 계시는 할머니댁에 인사하러 가면 5만 원을 주겠다고 제시한다면, "맞아, 할머니를 보러 가는 일은 정말 하기 싫은 일이야. 그런 일을 했으니, 보상해줄게"라는 메시지를 주게 될 수도 있다. 할머니를 뵙고 사랑을 표현하고 나누는 것 자체의 중요함과 가치라는 내적 동기를 강조하지 못하고 보상이라는 외적 동기를 제시함으로써, 의미를 변질시킬 수 있다.

보상이라는 외적 동기를 주로 사용해서 아이를 독려하다 보면, 아이가 어느 순간 "나 이거 하면 얼마 줄 거야?"라고 묻는 때가 온다. 이때 부모는 섬뜩함을 느껴야 한다. 가족 구성원으로서 기여를 한다든가, 다른 사람에게 도움을 준다는 가치가 아니라 외적 동기가 아이를 지배하고 있다는 것이 드러나는 순간이기 때문이다. 아이는 보상으로 남과 흥정과 협상을 할 수 있다는 것을 알아버린 것이다.

마지막으로 또 하나 주의해야 할 점이 있다. 여러분은 누군가 10억을 줄 테니 심장 수술을 해보라고 하면 할 수 있는가? 백억을 줘도 기술이 없기 때문에 안 되는 일이다. 아이들은 대부분 할 수 있으면 한다. 안 하는 경우는 대체로 능력이 없어서 못 하는 것이다. 이걸 단순히 말을 안 듣는다, 반항한다고 생각하는 부모가 간혹 있다.

한 시간 동안 수학 문제를 풀라고 했는데 아이가 어떤 날은 잘 하더니 또 어떤 날은 지키지 못한다. 이런 경우에 부모는 "얘가 할 수 있는데, 하기 싫어서 말을 안 듣는다니까요"라고 할 수 있다. 그러나 사실은 그 일을 지속적으로 할 수 있는 능력이 되지 않는 것이다. 우리가 운동을 매일 하고자 해도, 어떤 날은 하고 어떤 날은 못하는 것과 같다. 지속적으로 할 능력이 아직 없는데, 아무리 벌을 주고 상을 준다 한들 그 능력이 갑자기 생기지는 않는다. 아이가 아직 영어 시험에서 100점을 받을 능력을 갖추지 못했는데 100점을 맞으면 원하는 게임기를 사주겠다고 보상을 제시한다고 될까. 이것은 보상이 아니라 벌의 경우도 마찬가지이다. 아무리 벌이 크고 무서워도 능력이 안 되면 지키지 못한다.

실제 발달상 준비가 안 됐을 때는 아무리 보상을 줘도 그만큼의 효과가 없다는 것 또한 외적 동기의 허점이다. 보상이 크다고 해서 없던 능력이 생기지는 않고, 능력 밖의 결과를 걸고 보상을 제시하는 것은 노력해도 성취하지 못하는 상황을 초래해 오히려 자신감을 떨어뜨릴 수도 있다.

그럼 내적 동기와 외적 동기를 딱 분리해서 외적 동기는 절대 쓰지 말아야 하는 건가? 그렇지는 않다. 어른도 내적 동기로 뭔가를 하는 게 쉽지 않은데 하물며 아이들은 잘 안 될 수도 있다. 아이가 내적 동기를 인식할 능력이 아직 안 될 수도 있다. 이럴 때는 외적 동기도 활용할 수 있다. 예를 들면 숙제를 하는 데는 뿌듯함, 성취감, 호기심 같은 내적 동기가 있어야 하는데 아이가 아직 스스로 숙제를 하는 것이 어려운 경우가 있다. 그러면 "숙제를 했을 때 너의 책임을 다하는 거야"라고 내적 동기도 설명해주되 "아직은 좀 힘들지? 같이 연습해보자"라며 숙제하는 것을 도와주면 좋다. "이번 주는 그래도 세 번은 스스로 했네"라며 점점 더 아이 스스로 할 수 있게 북돋아준다. 그리고 4일 동안 숙제를 스스로 했다면 주말에는 온 가족이 치킨 시켜 먹자고 하면서 외적 동기 보태줄 수도 있다.

실제로 많은 일에 내적 동기와 외적 동기가 함께 작용하고, 두 가지가 서로 시너지 효과를 내면 바람직하다. 학생으로서 학업에 최선을 다한다는 성실, 책임감이라는 가치를 가르치고 보람, 뿌듯함 같은 내적 동기도 경험하게 하는 것은 내적 동기를 주는 것이다. 한편으로는 중요한 시험을 열심히 준비해서 치른 다음 가족이 함께 외식하며 노력을 치하해주는 외적 동기를 함께 제공할 수 있다. 이렇게 내적 동기와 외적 동기는 적절하게 공존할 수 있다.

외적 동기만으로는
그 누구도 바꿀 수 없다

좀 다른 예를 들어보면, 정부가 출산 장려를 할 때도 외적 동기를 많이 이용한다. 아이를 낳으면 돈을 준다거나 학비를 면제해주기도 한다. 이런 것도 다 외적 동기다. 그런데 어찌된 일인지 출산율은 계속 내려간다. 나는 여기에 강력한 내적 동기가 필요하다고 생각한다. 실제로 아이를 낳는 내적 동기는 본능에 가깝지 않은가. 그런데 본능이 누그러질 정도가 된 것은 내적 동기가 심각하게 소실된 결과라고 볼 수밖에 없다. 그러므로 원래 있던 본능적인 내적 동기를 살려내야 한다.

　출산의 내적 동기로는 나와 파트너를 닮은 아이를 낳아 성인으로 기른다는 기쁨과 보람, 만족감 그리고 내 자녀와 나누는 사랑일 것이다. 또한 내 자녀가 자신의 삶을 잘 살아가는 것을 보는 뿌듯함과 흐뭇함도 있을 것이다. 그런데 우리 사회에서는 아이를 낳아 기르는 것은 극도의 희생이 필요한 일이고 육체적, 정신적, 경제적으로 힘든 일이라고 여겨진다. 그러니 자녀를 낳지 않을 외적 동기가 매우 큰 것이다.

　인간에게는 내적 동기가 더 강하므로 여러 가지 희생이 필요해도 출산을 결정할 수 있다. 그런데 부모의 큰 희생으로 길러진 당사자인 젊은이(예비 부모)는 이 세상이 살 만하다고 느끼지 않는다. 자신의 삶이 남에 의해서 끌려가는 것 같은 무력감도 많이 느낀다. 그러다 보니 '내가 참 좋은 삶을 살고 있고 이런 삶을 내 자식에게도 살게 하고 싶다'는 내적 동기가 스물스물 사라져버린다.

이렇듯 사람을 움직이는 가장 큰 원동력인 내적 동기가 약화되다 보니, 출산율이 해가 지날수록 낮아질 수밖에 없다. 자녀를 낳아 자신의 삶을 잘 살아가는 성인으로 길러낸다는 보람, 즉 내적 동기로 충만해진다면 젊은이들은 아이를 낳으려고 할 것이고 출산율도 자연히 상승할 것이라고 생각한다.

내적 동기는 행복하게 사는 데도 매우 중요하다. 행복에서 중요한 개념은 바로 만족감이다. '나는 참 괜찮은 사람이야. 내 삶은 참 괜찮아'라고 느끼는 것이다. 그런데 흥미, 보람, 뿌듯함, 의미, 가치 같은 내적 동기가 아닌 외적 동기인 성취만 좇으며 살아가다가 중년이 되어 소위 말하는 '현타'가 온다. 그동안의 삶이 별로 의미가 없고 앞으로의 삶에서도 의미를 못 찾는다.

이것은 실제로 우리 사회의 심각한 폐해이기도 하다. 예를 들어 아픈 사람을 돕는다는 의미와 가치에 따라 의사가 된 게 아니라 돈과 지위, 명성을 좇아 의사가 되었다고 해보자. 외적 동기에 따라 의사가 되었는데 그 일 자체에서는 큰 의미나 보람을 느끼지 못한다면, 만족감을 느끼기 어렵다.

보상을 바라지 말라는 이상적인 이야기를 하는 게 아니다. 외적 동기만을 최상으로 강조하는 현상이 안타까운 것이다. 외적 동기와 내적 동기는 흔히 공존한다. 그런데 내적 동기는 거의 없이 외적 동기로만 사는 사람이 우리 사회에 꽉 차 있다고 생각해보라. 교사들도, 사업가들도, 의사들도, 경찰들도 그 직업이 주는 의미와 보람에 별로 개의치 않고 다 외적 동기로만 일하고 있다면 말이다. 급여와 같은 외적 동기가 당연히 필요하지만, 그보다도 내적 동기가 충만한 사람들이 모여 사는 사회라야 서로 더 신뢰할 수 있는 건강한 사회 아니겠는가.

자기 삶에 만족감을 느낀다는 것은 현실에 안주한다는 것과는 다르다. 살아가는 데, 일을 하는 데 의미를 가진 사람은 그 의미를 계속 펼치고 성장하게 마련이다. 의미를 보고 일하는 사람은 잠재력도 더 크게 발휘한다. 내적 동기가 훨씬 더 강한 원동력이기 때문이다. 인간은 늘 삶의 의미를 찾고 싶어 하고, 의미를 찾으면 그것이 무엇보다 강한 동기가 될 수 있다. 앞에서 본 아이가 가족에 보탬이 된다는 의미를 부여받았을 때 바로 물병을 치웠던 것처럼, 어릴 때부터 여러 가지 일의 의미를 배우면서 자라면 외적 동기로만 움직이는 아이보다 더 만족스럽고 행복하며, 더 큰 성취를 이루며 살 수 있다. 그러므로 부모 여러분도 아이와 함께 어릴 때부터 가치와 의미를 찾아보는 연습을 해보길 바란다.

부모 연습   외적 동기, 내적 동기 함께 활용하기

외적 동기와 내적 동기는 시너지를 이룰 수 있다. 아이의 잠재력이 발휘될 수 있도록 내적 동기와 외적 동기를 적절하게 사용해보자.

Q 아이가 가장 좋아하는 보상(외적 동기)을 적어보자.

-
-
-
-

Q 가치 같은 내적 동기를 강화시키는 데 위에서 언급한 외적 동기를 어떻게 함께 쓸 수 있을지 생각해보자.

(예시: 밥을 먹을 때 숟가락을 스스로 놓고, 밥을 다 먹고 자기 그릇 치우는 일로 우리 가족에 보탬이 되어줘서 대견하고 고마워. 우리 다 같이 상을 잘 치웠으니 지영이가 좋아하는 후식을 먹을까?)

-
-
-
-

미래가
원하는

︙

인재로
크고 있는가

21세기에
진짜 필요한 재능 4Cs

미국 교육계에서 흔히 쓰는 말이 있다. '21세기 4가지 C'라고 해서, 아이들을 21세기에 성공하는 인재로 키우기 위해서 꼭 가르쳐야 하는 네 가지 능력을 말한다.

첫 번째 C는 창의력(Creativity)이다. 창의력이 중요하다는 말은 특별히 설명하지 않아도 다 동의할 것이다. 특히 지금처럼 격변하는 시대에는 혁신과 발명에 이르는 새로운 접근 방법을 이끌어낼 수 있는 창의력이 더욱 중요하다.

두 번째는 비판적 사고(Critical thinking)다. 부모나 선생님, 윗사람 말을 잘 들으라고 우리는 교육받아왔다. 그런데 이제는 점점 바뀌고 있다. "왜?"라고 질문할 줄 알아야 한다. 꼭 그 방법밖에 없는 것인지, 더 나은 해결법이 있는지 물어보고 고민해보는 것이 바로 비판적 사고다. 그러니 아이가 말대꾸를 하는 것은 나쁜 현상이 아니다. 아이가 자신의 생각을 피력한다면 경청하고 그렇게 생각하는 이유를 물어보고 잘 논의해봐야 한다.

세 번째는 협력(Collaboration)이다. 지금도 마찬가지지만 미래에는 더더욱 인간이 살면서 혼자 뭔가를 다 하기에는 힘들다. 이제는 팀이 점점 커지기까지 한다. '융합'이라는 말도 자주 나온다. 우리가 해결해야 할 문제들이 점점 복잡해지기 때문에 한 분야의 전문가가 해결을 할 수가 없다. 그러니까 다양한 분야의 전문가들이 함께 일하게 되면서 협력이 점점 더 중요해진다.

네 번째는 소통(Communication)이다. 협력을 잘하려면 소통이 중요하고 공감력이 필요하다. 기술의 발전과 함께 온라인상으로 관계의 영역이 더 넓어지는 만큼 자신의 의견과 생각을 효과적으로 공유하는 소통 능력은 필수가 되어가고 있다. 특히 협력과 공감력의 부분에서는 앞서 말한 배려와 기여의 가치가 빛을 발한다.

미래 인재상에 역행하는 교육 문화

이제 생각해보자. 하루 종일 학원을 전전하는 아이들, 밤늦게까지 주어진 교과 과정을 공부하는 아이들의 창의력은 어떻게 될까? 그렇게 생활하면서 창의력이 팍팍 솟아날 것 같은가?

실제로 1968년에 조지 랜드(George Land), 베스 자만(Beth Jarman) 박사가 실시한 연구가 있다. 당시 NASA에서 연구원을 뽑기 위해 창의력을 측정하는 테스트를 개발해달라는 요청을 받고 개발해둔 창의력 테스트 문제가 있었다. 그것을 채용에 적용하니 창의력을 크게 요구하는 직책에 사람을 고용하는 데 도움이 되는 것으로 나타났다. 이

결과에 고무되어 이들은 아이들에게 이 테스트를 해보았다. 만 5세 아이들 1600명에게 서류를 묶는 데 사용하는 클립을 다른 용도로 활용하는 방법을 묻는 것 등의 창의력 테스트였다. 연구팀은 놀라운 결과를 얻었다. 어른에게 이 테스트를 했을 때 2% 정도가 천재적이라 할 레벨의 창의성을 보였는데, 5세 아이들의 경우 천재적 레벨의 창의력을 보인 수가 98%에 달했던 것이다! 아무래도 아이들은 클립을 많이 써보지도 않았고, '이런 것은 이렇게 써야 해'라는 고정관념이 아직 많지 않다. 그러니 클립을 보고 기발한 아이디어를 수도 없이 생각해낸 것이다. 이런 흥미로운 결과를 보고 그 아이들이 10세, 15세가 되었을 때 똑같은 테스트를 했다. 과연 몇 퍼센트의 아이들이 천재적 레벨을 보였을까? 같은 아이들임에도 불구하고 5년이 지난 10세에서는 30%로 떨어졌고, 15세에서는 12%로 떨어졌다.

어릴수록 다양하고 더 독특한 아이디어를 내고, 나이가 들면서 정규교육을 받고 학년이 올라갈수록 아이디어의 숫자와 기발함이 떨어진다. 틀과 한계 없이 자유롭게 생각을 펼치던 아이들이 일률적인 교육을 받으면서 점점 틀이 생기기 때문이라는 것이 연구팀의 해석이었다. 아이들을 어떤 틀에 가둬놓고 교육하면 창의력은 오히려 떨어지게 마련이라는 것은 쉽게 이해할 수 있다.

그럼 비판적 사고는 어떨까? 흔히 우리 사회를 '질문이 죽은 사회'라고 한다. 어른들이 알려주는 식으로 문제를 빨리 풀어 정해진 시간에 정답을 맞히는 법만 맹훈련해온 아이들에게 비판적 사고가 생기겠는가. 답이 1번이라고 하는데 '왜 2번은 답이 아니지?'라고 생각할 여유가 있겠는가. 모르면 외우라는 말에 익숙해진 아이들한테 비판적 사고가 발달할 리 없다. 아니 발달은커녕 후퇴하게 된다.

책상 앞에서 하루 종일 공부만 하는 아이들이 협동심이 커지기도 힘들다. 이 역시 유지되기는커녕 후퇴한다. 중학생이었던 조카가 하루는 이렇게 말했다.

"이모, 요즘은 반 아이들을 친구로 안 보고 경쟁 상대로 봐요."

가슴이 철렁했다. 아이 입에서 이런 말이 나오다니. 실제로 아이들이 그렇게 생각한다는 것이다. 친구한테 자기가 아는 걸 가르쳐주고 나누기보다 견제하기 바쁜 아이들, 불쌍하고 슬프지 않은가. 외적 동기만이 주어지고 경쟁 지향적으로 키우면 이렇게 되는 것이다.

마지막으로 소통은 어떨까? 부모나 교사가 시키는 대로 고분고분 따르고, 혼자 책에 코 박고 문제만 푸는 아이가 어떻게 커뮤니케이션 스킬을 키울 수 있겠는가. 정기 교육을 받는 장기간에 걸쳐 자기 의견을 말하거나 토론해본 경험이 턱없이 부족한데 어떻게 하루 아침에 그런 스킬이 생기겠는가.

돈 쓰고 시간 들여 최선을 다해 아이를 교육한 결과가 이렇다. 인공지능과 함께 일할 새로운 시대에 맞는 인재상을 기르긴커녕, 오히려 미래에 필요한 능력들을 죽이고 있다해도 과언이 아니다. 부모도 희생하며 힘든 육아를 하고, 아이를 쪼고 괴롭혀서 이루고자 하는 목표는 무엇인가. 지식을 최대한 주입하고자 하는가? 요즘은 인터넷에 찾으면 지식은 다 나오는 세상이다. 아이 스스로 궁금하고 동기가 있으면 무엇이든, 언제든지 스스로 배울 수 있다.

또 지금 애써 넣어준 지식은 5년, 10년만 지나도 옛날 지식이 된다. 주입식 입시 위주로 키운 아이가 스무 살이 되었을 때는 똑똑해 보이고 다른 아이들보다 좀 더 나아 보일 수 있다. 조금 더 빨리 가는 것처럼 보일 수 있다. 그런데 인생 백 년이라고 했다. 그 백 년을 지지해줄 교육을 하고 있는가 돌아봐야 한다.

인생을 항해에 비유했다. 아이가 자기 배를 띄워 항해를 해야 한다. 입시 교육은 자기 배에 타서 키를 잡고 갈 능력을 주는가? 입시 교육은 선장을 키우는 교육이라기보다 선원을 키우는 작업이 아닌가. 선장이 지시하는 걸 최대한 빠르고 정확하게 실행하는 사람으로 키우고 있다. 최고의 선원이 될지언정 큰 방향을 잡고 문제를 해결하며 인생을 개척해나가는 선장의 자세가 나오지 않는다.

마음껏
놀게 하라

아이들은 사는 게 재미있어야 한다.(사실 어른도 그렇다면 더할 나위 없을 것이다.) 그런데 공부로 들들 볶이는 아이들을 보면 너무 안타깝다. 미국 아이들은 방과 후 집에 오면 다 놀러 나간다. 자전거 타고 킥보드 타고 공 차면서 뛰어다닌다. 학원에 간다고 해도 대체로 좋아하는 예체능을 배우러 간다.

백번 강조해도 모자라지 않는 게 아이들 발달에 있어서 놀이의 중요성이다. 앞서 설명한 4C를 키우는 가장 좋은 방법도 놀이다. 놀이를 통해 창의력과 비판적 사고가 발달한다. 또한 혼자 노는 아이는 잘 없다. 다른 아이들과 같이 놀면서 저절로 소통하게 되고 협력하게 된다.

이런 능력의 발달에 아주 좋은 놀이는 틀이 없는 놀이다. 흙을 가지고 논다거나 숲에서 뛰어논다거나 하는 것처럼 특별한 지시 사항이나 규칙 없이 노는 것이다. 집 안에서 냄비를 뒤집어놓고 두들기며 노는 것도 틀이 없는 놀이다. 하지만 틀이 없는 놀이가 주로 이루어지는 곳은 집 밖이다. 특히 자연은 무척 좋은 놀이 대상이다. 나무나 바위 같은 사물, 동물, 곤충 등을 이용해 아이들은 아주 잘 논다. 그렇게 자유롭게 놀이를 구상하고 계획해서 함께 규칙을 만들기도 하고 수정하기도 하며 논다. 또 문제가 생겨서 싸우기도 하고 함께 해결하기도 하면서 4C가 발달하는 것은 물론이고 재미를 느낀다.

간혹 아이가 한 가지에만 꽂혀서 논다며 우려를 표하는 부모도 있다. 그렇다고 해서 다른 것을 억지로 들이밀기보다는 아이가 좋아하는 것으로 확장을 하면 된다. 만약 아이가 기차에 꽂혀 기차만 가지고 놀려고 한다면 여러 기차를 보여주면서 "이건 어떤 종류의 기차지?", "이 기차는 어떻게 작동할까?"라고 호기심을 자극해볼 수 있다. 그렇게 확장되면 기차의 역사를 알아볼 수도 있고, 기차의 작동 원리 같은 물리학으로 뻗어나갈 수도 있다.

발달장애 아이를 교육할 때도 이런 방법을 많이 쓴다. 아이가 기차를 좋아하면 기차로 수를 세면서 연산을 가르친다거나 옛날 시계를 좋아하면 그 시계의 역사에 대해 읽어보면서 읽기를 가르친다거나 하는 식이다.

노는 데 자꾸 학습을 집어넣으려고 하는 부모도 있는데 그럴 필요도 없다. 자기가 재미있어하는 놀이를 마음껏 하도록 장려하고 아이가 흥미 있어 하는 걸 찾아가도록 도와주면 된다. 아이가 성장하면서는 관심이 있는 것을 스스로 더 찾아보고 공부하면서 확장하도록 권장해주자. 자기가 좋아하는 것에서 확장하는 게 바로 스스로 하는 학습이다.

이렇게 자신이 궁금한 것을 찾아서 스스로 배우는 법을 아는 아이는 성인이 되어서도 계속 배우고 성찰할 수 있게 된다. 책상에 앉아서 하는 것만이 공부라고 생각하지 마라. 특히 뇌가 한창 발달하는 영유아기에는 재미있게 노는 데 집중하게 해주면 좋다.

부모연습　잘 노는 아이, 행복한 아이

아이는 마음껏 놀게 해주는 것이 좋다. 그럼 우리 아이는 어떻게 잘 놀고 있는지 한번 생각해보자.

Q 아이가 하루 동안 자유롭게 노는 시간은 얼마인가?

○ _____

Q 주로 어떤 놀이를 즐겨 하는가?

○ _____
○ _____
○ _____

Q 아이가 한 가지에만 흥미를 보인다면, 이를 통해 확장할 수 있는 질문을 생각해보자.

○ _____
○ _____
○ _____

미국 교육계에서는 21세기에 진짜 필요한 창의력, 비판적 사고, 협력, 소통 능력을 4Cs라고 일컫는다. 아이가 4Cs를 잘 키울 수 있는 환경을 제공하고 있는지 점검해보자.

Q 4Cs가 길러지는 놀이는 어떤 것이 있을지 생각해보자.

Q 아이가 친구를 경쟁 상대로 생각한다면 어떤 상황이 일어날까? 협력을 권장하는 말을 해주고 있는가?

Q 나는 아이가 자유롭게 소통하도록 경청하고 있는가?

Q 아이가 엉뚱한 질문이나 의견을 말했을 때 나의 반응은 어떤가?

Q 나는 아이에게 권위를 내세워 비난적이거나 나와 다른 의견을 자유롭게 말하지 못하게 하고 있지는 않은가?

놀이도
공부도

:

재미있어야
한다

아이가 주도적으로 놀게 하는 법
P. R. I. D. E

우리 부모들 중에, 특히 아빠들 중에 이렇게 말하는 사람이 많다.

"아이들과 뭘 어떻게 놀아줘야 할지 모르겠어요."

놀이가 중요한 건 알겠고, 그래서 놀아줘야 할 것 같은데 어떻게 해야 할지 모르겠다는 것이다. 놀이를 엄마, 아빠까지 같이하면 아이들로서는 그렇게 행복한 시간이 없다.

그런데 아이들과 놀아주면서 자꾸 뭘 가르치려고 하는 부모가 있다. 부모 입장에서는 왠지 그 노는 시간이 유익해야 할 것 같다. 하지만 노는 시간에는 그저 재미있게 노는 게 제일 유익하다. 그러니까 놀이를 통해 많이 가르치겠다는 욕심은 내려놓도록 하자.

그러면 어떻게 놀아줘야 할까? 아이와 부모 관계 치료법 중에 부모-자녀 상호작용치료(Parent-Child Interaction Therapy)가 있다. 여기에 아이 주도적으로 노는 방법이 있는데, 다음의 영어 앞글자를 따서 '프라이드(P. R. I. D. E)'라고 부른다.

- Praise (칭찬하기)
- Reflect (반사하기)
- Imitate (따라하기)

- Describe (묘사하기)
- Enthusiasm (열정을 가지고 하기)

다시 말해, 아이가 하는 것을 칭찬해주고 아이가 하는 말을 유사하게 반사해준다. 아이의 행동을 따라 해주고 아이가 하는 것을 그대로 묘사해주는데 이것을 열정적으로 신나게 해주는 것이다.

예를 들어 아이가 그림을 그린다고 해보자. 이때 "잘 그렸네"라는 말에는 평가가 들어간 것이므로 그런 말보다 일단 "그림 그리고 있네?"라고 묘사하며 흥미와 관심을 표현한다. 아이가 "여기 해를 그린 거야"라고 하면 "아, 거기 해를 그린 거야?"라고 아이 말을 공감하면서 들어준다. 이것이 반사다. 어떻게 보면 아주 간단하다.

그다음에 "그럼 나도 해를 그리고 싶은데?"라고 부모도 따라 한다. 드물지만 불안도 높은 아이 중에는 이렇게 부모가 너무 자세하게 지켜보고 있다는 느낌을 싫어할 수도 있다. 그렇지만 대부분의 아이는 부모나 어른이 자기 말을 경청해주면서 "오, 나도 해볼까?"라고 따라 하면 아주 좋아한다. 왜냐하면 항상 자기가 어른들의 것, 부모의 것을 따라 했어야 했기 때문이다. 그런데 엄마 아빠가 나를 따라 하니까 좀 우쭐해지는 것이다.

만약 아이가 해를 초록색으로 칠했다면 그것을 묘사해준다. "해가 초록색이네? 그거 상큼한 아이디어네"라고 말하는 것이다. "해는

빨간색이나 주황색으로 칠하는 거야"라고 한다면 이게 가르치려는 태도다. 여기서는 그럴 필요가 없다. 옳고 틀린 것을 지적하지 말고 이해하고 인정해줘라. 편집자가 되면 동시에 창작가가 될 수 없다는 말이 있다. 아이들이 창작 작업을 하는데, 계속 편집을 하려고 드는 편집자가 되지 마라.

부모가 아이랑 상호작용을 하고 싶을 때 묘사를 쓰면 어렵지 않게 할 수 있다. 만약에 아이가 산을 그린다면 "거기 산이 있네"라고 하면 된다. 얼마나 쉬운가. 아이가 장난감을 갖고 놀 때도 마찬가지다. 아이가 사람하고 공룡하고 싸우게 하며 논다면 "공룡이 왔네. 거기 사람하고 지금 싸우는 거야?"라고 마치 생중계하는 느낌으로 말해준다. 일일이 다 중계할 필요는 없고, 정말 재미있게 보고 있다는 느낌으로 묘사하면 된다.

이 정도는 그렇게 애쓰지 않고 할 수 있다. 우리 부모들이 하루 종일 일하고 와서 너무 피곤하면 열심히 놀아주지 못해도, 에너지가 없어도 아이가 노는 장면을 그대로 묘사해주는 것은 크게 어렵지 않다. 물론 에너지가 있으면 열의를 가지고 함께 참여해주면 더욱 좋다.

이 다섯 가지를 하나하나 외울 필요는 없다. 공감과 경청을 하면 자연스럽게 아이의 말과 행동을 반사해주고 묘사하게 된다. 중요한 것은 부모가 자신한테 집중하고 있다는 느낌을 아이에게 주는 것이다.

나 또한 아이들을 치료할 때 이 방법을 굉장히 많이 사용한다.

아이들이 낯선 의사 선생님인 나를 만나면 관심이 없거나 피하려고 하기도 한다. 그럴 때는 프라이드 방법을 활용해 같이 놀다 보면 어느새 아이가 나를 편안해한다.

부모들이 자신의 목적을 가지고 관여하기보다 아이가 하는 대로 따라가주면서 프라이드를 실행해주면 대부분의 아이가 마음을 열고 이 시간을 즐거워한다. 슬프게도 부모들은 놀 때도 아이들을 교육해야 한다는 목적의식을 가지고 임하는 경우가 많아서 이런 조건 없는 관심을 받아본 적이 없는 아이들도 흔치 않다.

공부도 재미있어야 한다

많은 아이에게 공부는 일이 되었다. (그런 의미에서, 슬프게도 거의 아동 노동 착취 수준인 경우도 존재한다.) 아이가 공부가 재미없다고 말하면 부모는 이렇게 말한다.

"어떻게 재미있는 일만 하고 살아? 공부가 재미있는 사람이 어딨어? 재미없어도 억지로 하는 거야."

사실 이런 생각은 잘못 주입된 것이다. 원래 새로운 걸 알아간다는 건 흥미로운 일이다. 그러니 공부는 재미있어야 한다. 흥미로워야 한다.

그런데 공부를 일처럼 시키면 흥미가 깨진다. 한번 공부를 일이라고 생각한 아이는 공부를 하기 싫어 한다. 시험 때문에 억지로 하더라도 시험이 끝나면 책을 보기도 싫어한다. 지긋지긋한 것이다. 제발 부모가 아이의 배움에 대한 흥미를 깨버리지 말았으면 좋겠다.

자신의 관심거리에 대해 찾아보고 알아가는 게 흥미롭고 재미있다는 걸 아는 아이는 흥미 있는 것을 계속 더 파고들어 배우고, 그러면서 성장한다. 그것이 바로 자기주도적 학습이다. 아이가 배우고자 하는 학습 동기는 호기심에서 나온다.

그러면 좋아하는 과목만 잘하고 나머지를 못하면 어떻게 하느냐고 물을 것이다. 그러나 이제 모든 과목을 골고루 평균 이상으로 하는 것이 최선이던 시대는 지나가고 있다. 그러니 꼭 나쁜 현상은 아니다.

궁금한 것을 찾아서 학습하는 방법을 계속 장려해주어야 한다.

'이건 어떻게 하지? 이건 왜 그렇지? 이 사람은 그 일을 어떻게 이루었지?'

공자도 이런 말을 했다.

"아는 사람은 좋아하는 사람만 못하고, 좋아하는 사람은 즐기는 사람만 못하다[知之者不如好之者 好之者不如樂之者(지지자불여호지자 호지자불여락지자)]." 성경에서도 솔로몬이 유사한 말을 했다. "그러므로 내 소견에는 사람이 자기 일에 즐거워하는 것보다 나은 것이 없나니(전

도서 3장 22절 중)." 현인들은 다 이미 일을 즐겁게 하는 것의 가치를 알았던 것이다.

아이가 공부에 재능을 보이면 부모는 신이 난다. 그래서 영재 학원에 보내는 등 최선을 다해 지원해준다. 그런데 어느 날부터 아이가 공부를 싫어하게 된다. 이 또한 흔한 현상이다. 특히 좀 더 어릴 때는 부모 말을 어기지 못하고 잘 따르던 아이들이 중학생 정도 되면 그렇게 될 가능성이 더 크다.

"어떻게 공부가 재밌어?"라고 말할지 모르겠다. 하지만 공부 자체는 원래 재미있는 것이다.

공부가 무엇인가? 배우고 익히는 것이다. 내가 어떤 요리를 하고 싶어서 어떻게 요리하는지 인터넷 찾아보는 것이 공부다. 그렇게 공부하는 것은 흥미로울 것이고, 배워서 요리를 해보았을 때는 신나고 설렐 것이다. 요리가 잘되었다면 뿌듯하고 또 해보고 싶을 것이다. 자기가 알고 싶고 더 잘하고 싶어서 들여다보는 게 공부다. 그런데 지금의 입시 위주, 주입식 위주의 과한 학업량이 그 공부의 감칠맛을 다 죽이는 것이다.

부모가 "이거 해야만 해"라고 떠밀어서 공부하는 아이는 겉으로는 열심히 잘하는 것처럼 보이지만 결국은 부모의 말을 잘 따르려고 공부를 일처럼 하는 경우가 많다. 그러다가 사춘기가 오면서 학업 스트레스와 부모와의 관계 악화로 문제가 커지는 경우가 많다. 이럴 때도 아이가 하고 싶은 것을 해도 괜찮다고 이야기해주어라. 앞에서도 여러 번 강조했듯이 많은 지식을 억지로 꾸역꾸역 집어넣는 것은 장기적으로 볼 때 득보다 실이 크다.

독서가
놀이가 되게 하라

평생 스스로 공부하는 아이로 키우고 싶다면 강조하고 싶은 게 하나 있다. 독서가 재미있게 만들어줘야 한다는 것이다. 책을 읽는 것이 가장 효과적인 공부 방법이라는 것은 누구나 알고 있으며, 모든 부모가 아이가 책과 친해지길 바란다. 그런데 많은 부모가 저지르는 실수가 독서를 공부로 만들어버리는 것이다. 그러나 독서는 놀이가 되어야 한다. 이것을 '책놀이 요법'이라고 한다.

 아이가 아주 어릴 때부터 책이 재미있다는 인식을 갖는 것이 중요하다. 그럼 어떻게 해야 할까? 간단하다. 아이가 좋아하는 것을 보여줘야 한다. 부모가 보여주고 싶은 것을 보여주는 게 아니라 아이가 재미있어하는 책이어야 한다. 아이가 재미있어하는 것이 무엇인지 어떻게 알 수 있을까? 부모가 아이와 함께 도서관이나 서점에 가보기를 강력히 추천한다.

 무엇보다 부모가 롤모델이 되어야 한다. 부모는 텔레비전만 보거나 스마트폰만 들여다보고 있으면서 아이한테 책을 가까이 하라는 것은 모순이고 그렇게 잘 되지도 않는다. 부모 인생도 50~60년 남았으니 부모도 같이 책을 읽고 배우고 성장해야 한다. 부모도 똑같이 자신한테 재미있는 책을 읽으면 된다. 요리에 관심 있으면 요리책을 보면 되고 여행에 관심 있으면 여행책을 보면 된다. 자신이 무엇을 재미있어하는지 모르겠다면 도서관에 가서 큐레이션 되어 전시된 책들을 죽 살펴보고 무엇이 나의 관심을 끄는지 보면 된다.

도서관에 가면 보통 아이들은 책을 막 펼쳐보다가 한 가지 관심 있는 걸 찾으면 그것에 좀 더 몰두한다. 도서관에 데리고만 가면 부모 노력이 별로 필요가 없다. 아이가 어떤 책에 집중하면 무슨 책인지 물어보고 관심을 가져주고 경청해주면 된다. 아이가 두세 장 보다가 치우고 다음 책으로 넘어갈 수도 있다. 그것도 괜찮다. 자기 흥미를 찾아가는 과정이다.

서점도 마찬가지다. 아이들 어린이책 코너에 데려가는 것이다. 그러면 아이들이 이것저것 들추면서 자신에게 더 흥미로운 책을 찾을 것이다. 얼마나 쉬운가. 시간을 조금만 내면 할 수 있는 일이다.

그다음에 추천하는 게 잠자리 루틴이다. 이게 서양에서는 매우 흔하다. 우리나라 정도의 교육 수준과 생활 수준을 갖춘 서양의 나라에서는 대부분 잠자리 루틴이 책 읽어주기로 끝난다. 자기 전에 책을 보여주라고 하면 책을 많이 사야 한다고 생각하는데, 꼭 그럴 필요도 없다. 도서관에서 아이가 어떤 책에 관심을 보였다면 그것을 일주일 정도 빌린다. 오히려 집에 책이 항상 잔뜩 있으면 흥미를 별로 못 느낄 수도 있다. 도서관에 가서 책 다섯 권만 딱 빌려왔고 그것을 일주일만 가지고 있을 수 있다면 더 관심을 갖고 볼 수 있다.

너무 많은 규칙으로 아이를 압박하는 것은 문제지만 적절한 생활 루틴이 있는 것이 건강하다. 더군다나 좋은 습관은 인생을 바꾼다고 하지 않는가. 아이가 어릴 때부터 좋은 루틴을 만들어주면 좋다.

특히 수면 루틴은 몸뿐 아니라 정신도 건강하게 한다. 잠자리에 들기 전에 아이와 같이 누워도 되고 침대 옆에 앉아도 된다. 아이가 좋아하는 책을 스스로 골라서 갖고 오라고 해서 같이 본다. 아이가 아직 어리면 그림만 보고 부모가 읽어주면 된다. 아이가 조금 크면 아이가 부모에게 읽어줘도 된다. 정해진 원칙은 없다. 다만 아이가 안 자고 계속 책을 보려고 할 수도 있으므로 시간은 어느 정도 정해놓는 게 좋다.

이렇게 함께 책을 읽는 시간은 사랑의 시간이고 재미의 시간이라는 인상을 심어주는 것이 중요하다. 앞에서 말했듯이 뭔가를 배우는 시간이라는 부담을 얹지 말기를 바란다. 잘 못 읽는 것을 하나하나 다 고쳐주는 것보다는 편안하게 읽으면서 전체적 스토리를 아는 것이 더 낫다. 미국 친구들과 이야기해보면 어린 시절 잠자리에서 부모와 책을 읽던 것을 아주 따뜻한 기억으로 간직하고 있다. 돈도 안 들고 시간이 그다지 많이 들지 않으니 꼭 해주길 바란다.

　책이라는 것이 재미있고 좋은 느낌이라는 인식을 심어놓으면 그때부터는 아이가 알아서 책을 집을 수 있다. 그러다가 어느 순간에 책에 대한 흥미가 좀 떨어진 것처럼 보일 수도 있다. 인터넷이나 게임에 더 관심이 생길 수도 있다. 그래도 괜찮다. 이미 책에 대해 좋은 인식과 느낌을 가지고 있기 때문에 어떤 것에 호기심이 생기고 뭔가를 알고 싶은 때면 언제든지 다시 책을 찾을 것이다. 그리고 이렇게 책과 함께 스스로 배우는 자세를 배운 아이는 80년 성인 인생을 성장하면서 더 풍성하게 살 것이다.

부모연습 아이 주도 상호작용 P.R.I.D.E 실천하기

놀이도 공부도 재미있어야 한다. 아이가 주도적으로 자랄 수 있도록 P.R.I.D.E를 실천해보자.

Q 아이의 행동에 칭찬해주는 말을 적어보자.

Q 아이가 하는 말을 유사하게 반사해주자.

Q 아이의 행동을 따라 해보자.

Q 아이의 행동을 그대로 묘사해보자.

Q 평소에 아이의 말과 행동에 얼마나 열정을 가지고 반응했는지 생각해보자.

실패를
두려워하지 않는

⋮

아이로
키우는 법

조금만 실패해도
'이생망'을 말하는 아이들

많은 부모가 자녀의 행복을 바라는 동시에 이런 바람을 가지고 있다.

"내 자녀가 어떤 시련이 와도 무너지지 않고, 넘어지더라도 다시 일어나는 아이가 되었으면 좋겠어요."

이 책을 보는 여러분도 다들 이런 마음을 가지고 있을 것이다. 부모 자신의 삶을 되돌아보면 시련에도 버티고 실패에도 일어나는 힘이 인생을 사는 데 무척이나 중요하다는 것을 깨닫게 마련이다.

"저는 어떤 일이 일어나면 그것에 휩쓸려서 너무 힘들었어요. 우리 아이는 조금 더 마음이 단단한 아이로 키우고 싶어요."

'유리 멘탈'이라는 말을 한다. 부모라고 다 강철 멘탈을 가진 게 아니다. 유리 멘탈로 세상을 살아가며 힘들었기에 내 아이만은 단단한 정신을 갖기를 바라는 게 부모 마음이다.

그런데 현실은 어떤가? 아이가 안 넘어지길 바라는 마음이 앞서 부모 아래에 있는 20년을 넘어지지 않게 애지중지 키운다. '실패하면 안 된다', '실수하면 안 된다'는 개념을 아이한테 지속적으로 심어준다. 이렇게 자란 아이는 자신의 첫 실수에 '이생망(이번 생은 망했다)'이라고 느낄 수 있다. 스무 살짜리가 시험에 실패하거나 도전해서 실패했다고 자신의 인생이 망했다고 단정하는 것이다. 80년을 더 살아야 하는데 스무 살 때 한 번 넘어지고 망했다니. 심지어 십 대 학생들도 중간고사 한번 망했다고 이생망이란다. 이런 아이는 성인이 되어 자기 배 타고 가자마자 돌에 딱 한 번 부딪혀도 인생 끝난 것처럼 좌절할 것이다.

부모가 아이를 아무리 보호하고 싶어도 배를 떠나보내면서 평생 날씨가 좋기만을 바랄 수는 없다. 그건 불가능하다. 그렇다고 날씨가 계속 좋은 게 마냥 좋은 일만도 아니다. 폭풍도 한번씩 오고 돌부리에 부딪히기도 하면서 아이는 더욱 성장하고 성숙해질 것이기 때문이다. 그러므로 아이한테 시련이 안 오기를 바라기보다는 시련이 와도 그것을 건강하게 잘 이겨내고 헤쳐나가는 힘을 키워줘야 한다. 그래야 아이가 배를 타고 더 멀리 큰 세상으로 나아갈 수 있지 않겠는가.

넘어져보지 않으면
일어나는 법도 모른다

아이가 넘어져도 완전히 주저앉아 버리지 않고 다시 일어나는 힘, 그 힘을 바로 회복탄력성(Resilience)이라고 한다. 고무줄이나 용수철의 탄력성처럼 넘어져도 일어나 제자리로 돌아가는 힘이다. 이것은 아이뿐 아니라 부모도 가지고 싶은 힘일 것이다.

넘어졌다 일어나는 것을 어떻게 가르칠 것인가? 일단 넘어져봐야 일어나는 걸 가르칠 수 있다. 넘어졌다 일어나는 걸 어떻게 넘어져보지 않고 가르치겠는가. 여기에는 한계가 있지 않겠는가.

어떤 사람이 넘어져도 잘 일어날까? 앞에서 말했던 핵심 신념이 긍정적이고 건강한 사람이다. '나는 괜찮은 사람이야. 괜찮은 세상이야. 살 만한 삶이야'라고 생각하는 사람이 더 잘 일어난다. 또한 '나는 사랑받는 사람이야. 나는 절대적 존재 가치를 가지고 있어'라고 생각하는 아이가 더 잘 일어난다. 당연한 일이다. 이것은 긍정적인 마음자세와도 상통하는 것이다. 긍정적 마음자세를 가진 아이는 넘어져도 모든 것이 절망적인 게 아니라 그 안에 희망이 있는 게 삶이라는 걸 안다. 이걸 배운 아이가 넘어져도 잘 일어날 수 있다.

아이가 전교 회장 선거에 나가고 싶어 했는데, 살펴보니 당선 확률이 떨어져 보여서 간접적으로 말리게 되었다고 고백한 부모가 있었다. 나의 강의를 듣고, 자녀에게 실패할 것 같은 일은 시작도 하지 말라는 잘못된 메시지를 주었다는 것을 깨닫고, 다음 선거에 (당선 가능성 여부에 관계없이) 다시 도전해보라고 격려하기로 마음을 고쳐먹었다.

어릴 때일수록 많이 넘어지고 일어나는 경험을 해야 한다. 아무래도 어릴 때의 실수는 그 결과가 감당할 만한 것이기 때문이다. 누구나 실수할 수도 있고 실패할 수도 있다. 그런다고 세상이 끝나지 않고 내 인생이 망한 게 아니라는 걸 배워야 한다. 부모부터가 그런 생각을 가져야 한다. "실수하면 안 돼. 실패하면 안 돼"라고 말하고 싶을 때, "실수와 실패를 하면서 새로운 것을 배우고 성장하는 거란다"라고 말해주어라.

실패를 절대 안 하려는 생각으로 백 년 평생을 산다고 생각해보라. 굉장히 조심스럽게 된다. 위험성이 있는 일을 거의 다 피하고, 자신이 거의 완벽하게 잘하는 것이 아니면 안 하게 된다. 그런데 이제는 우리가 20년 동안 배운 걸로는 남은 80년간 쭉 써먹을 수가 없다. 세상이 변하는 만큼 계속 배우고 성장해야 한다. 새로운 것을 배우고 성장하는 과정에서 어떻게 실수나 실패가 없을 수 있겠는가.

부모가 아이에게 "태권도 학원을 가보는 것은 어때?"라고 제안했을 때, 아이가 "나는 태권도를 못할 것 같아서 태권도 학원에 안 갈래요"라고 하는 상황을 생각해보라. 태권도를 못하니까 가서 배우는 것인데 말이다. 이렇듯, 실패를 피하려고 사는 사람은 새로운 것을 배워야 하는 상황을 피하게 된다. 그러다 보니 더 성장하지 못한다.

내가 좋아하는 작가 그렉 맥커운이 『최소 노력의 법칙』에 공유한 이야기를 소개한다. 스페인어 선생님인 그의 친구가 말하길, 새로운 언어를 배우려면 이렇게 하면 된다고 한다. 보자기 안에 구슬을 1천 개 넣어두고 한 번 실수할 때마다 구슬을 한 개씩 꺼낸다. 그렇게 1천 개를 다 꺼내면 그 언어를 어느 정도 익혔다고 보면 된다. 이처럼 우리는 실수를 통해 배우고 성장한다.

계속해서 실수를 해봐야 한다. 실수를 많이 하다 보면 될 거라고 생각하는 게 낫다. 토머스 에디슨이 전구를 발명할 때 자꾸 실패하니까 누군가가 "그렇게 실패하는데 뭐 하러 계속합니까?"라고 물었다. 그러자 에디슨이 이렇게 말했다.

"나는 실패한 적이 없다. 그것이 작동하지 않는 1만 가지 경우를 찾았을 뿐이다."

안 되는 1만 가지 방법을 아니까 1만 1번째는 다른 걸 시도할 수 있다. 실패를 졌다고 생각하고 잃었다고 생각하면 안 된다. 실패는 얻은 것이다. 이렇게 하면 안 된다는 정보를 얻은 것이고 개선할 방법을 얻은 것이다. 실패하지 말라고 하면 아주 작은 범위에 자기를 가두는 것이다. 부모 여러분도 생각해보라. 뭔가 하고 싶은데 실패할까 봐, 잘 안 될까 봐 시도하지 못하는 게 엄청 많을 것이다. 그러면 아무것도 못 한다.

나는 지금도 새로운 일을 시작할 때는 늘 실수하고 실패하는 것은 당연하다고 생각하고 시작한다. 유튜브를 처음 시작할 때도 '당연히 실수 많이 하겠지', '창피한 영상도 많이 내게 되겠지'라는 마음으로 시작했다. 실패를 하나도 안 하면서 성장할 수 있는 방법은 없다. 그냥 늘 하던 것, 내가 현재 잘하는 것만 하는 수밖에. 조금이라도 성장하려면 실패를 두려워하지 않고 달려들어야 한다.

실패를 권장하라

미국에서 스팽스(Spanx)라는 속옷 회사를 만들어 자수성가한 사라 블레이클리(Sara Blakely)라는 여성이 있다. 당시 여성으로서는 드물게 억만장자로 성공한 그녀에게 성공 비결을 물으니 밥상머리 교육을 언급했다. 주말에 가족이 식탁에 모이면 아버지가 항상 묻는 말이 있었는데 "이번 주에 뭘 실패했니?"였다. 이 사람은 이 말을 듣고 자랐기에 '원래 실패를 자꾸 해야 하는 거구나'라는 인식이 박혔다.

일부러 실패하라는 게 아니라 실패를 하려면 뭔가에 도전해야 하는 것이다. 예를 들어 "자전거로 어딜 가려다가 넘어졌어요", "수영을 이만큼 하려고 했는데 안 됐어요", "피아노로 곡을 연주하려고 했는데 안 됐어요"라고 말하면 아빠가 "네가 그렇게 도전하고 노력했구나. 잘했다"라고 흐뭇해했단다. 뭔가 조금 힘든 일을 하고 넘어지는 것에 대해 잘했다고 칭찬을 받은 것이다. 매주 실패한 것은 무엇인지 아이와 부모가 공유해보기를 권한다.

"전학 온 애한테 놀자 했는데, 싫대. 새 친구 사귀기에 실패했어."

"그래? 서운하고 아쉬웠겠네. 그래도 친구에게 용기를 내서 물어봤기 때문에 있었던 실패 아니야? 같이 놀자고 했을 때 그 친구가 놀고 싶지 않을 수도 있기는 하지. 좀 어색해도 시도해본 것은 잘했어. 다음에 또 한번 물어보는 것도 괜찮겠는데."

그리고 부모가 실패한 것도 당당하게 공유하라.

"엄마가 케이크를 만들려고 했는데 떡이 되었어, 하하하."

실패를 나쁘다고 생각하면 안 된다. 나는 실패를 오히려 권장하라고 말한다. 넬슨 만델라가 한 말이 있다.

"나는 지거나 잃은 적이 한 번도 없다. 나는 이기거나 배운다."

2014년 소치 동계올림픽에서 김연아 선수가 거의 금메달이라고 생각했다가 은메달을 따서 판정 논란이 일었던 것을 기억할 것이다. 많은 사람이 안타까워했었다. 김연아 선수도 멘탈이 강한 사람이지만 많이 속상하고 힘들었을 법했다. 그런데 김연아는 그때 아버지한테서 위로가 아닌 축하 메시지를 받았다고 한다. 잘했다고, 너는 최선을 다했다고, 축하한다고. 은메달을 딴 게 실패는 아니지만 아쉬울 수 있는 결과에도 축하해준 것이다. 아이가 뭔가를 잘해내지 못했을 때 부모의 반응이 이처럼 중요하다.

"뭐든지 새로운 것을 배우는 건 쉬운 일이 아니야. 그래서 넘어지면서 배우는 거야."

부모의 생각 자체가 그래야 하고 아이한테도 그렇게 이야기해야 한다. 그리고 이렇게 말해주자.

"네가 성공했냐 아니냐보다 이걸 했다는 게 용감한 거야. 잘하지 못할까 봐 두려워서 못하는 사람도 많은데 넌 그걸 했잖아."

한입 크기의
실패

'한입 크기의 실패(Bite-sized failure)'라는 말이 있다. 꿀꺽 삼킬 만한 실패. 아이들한테 있어 실패는 거의 다 한입 사이즈다. 자전거를 타다가 넘어졌거나 젓가락질을 연습하다가 음식을 흘린다고 큰일나지 않는다. 오히려 이런 실패는 많이 경험해보는 게 좋다. 한입 크기의 실패를 이것저것 많이 먹어보고 꿀꺽꿀꺽 삼키는 연습을 해야 한다.

많은 사람이 실패하면 졌다고 생각하고, 실패하면 시간 낭비했다고 생각하고, 실패하면 잃었다고 생각한다. 하지만 실패란 잃거나 지는 것이 아니라 성장하기 위한 길이다. 실패를 피하려고만 하는 아이는 크게 성장하지 못한다. 세상을 무대로 재능을 펼치면서 살아가기를 원한다면 실패해도 괜찮고, 오히려 실패하라고 해야 한다. 이런 자세를 가진 아이는 넘어져도 완전히 주저앉거나 무너지지 않는다.

넘어졌다 일어나보면서 '실패하면 죽는 줄 알았는데 아니네?'라고 깨닫게 된다. 그리고 그런 경험을 해본 아이는 회복탄력성이 계속 커지고 자신감이 생긴다. 물론 그 바탕에는 부모의 조건 없는 사랑과 절대적인 존재 가치의 메시지가 있어야 한다. 그렇지 않으면 실패를 거듭할수록 자기 탓을 하고 자존감이 떨어질 수 있다. 육아의 기본 원칙인 밥 짓기 요법은 정확하게 해주고, 이것을 바탕으로 한입 크기의 실수를 자주해보다 보면 더 자신감이 붙는다. 모든 상황에 긍정적인 면과 부정적인 면이 있고 넘어지면서 배운다는 것을 알게 된다.

만약 아이가 계속 실패해서 좌절한다면 공감 먼저 해준다.

"잘 안 되니까 속상하지? 엄마도 그랬거든. 이거 할 때 진짜 안 되더라. 그래도 계속 이렇게 넘어지면서 조금씩 나아진단다."

자전거 타는 법을 가르치더라도 "안 넘어지게 조심해"라는 말보다는 "자전거 타면 좀 넘어질 수도 있거든? 아빠도 그랬어. 그런데 좀 아파도 탁탁 털고 일어나면 돼. 몇 번 넘어지다 보면 배우게 돼"라고 가르쳐주자. 그러면 아이는 '넘어져도 되는구나'라고 생각한다. "넘어져도 아빠가 여기 있을게. 잡아줄게. 괜찮아"라고 말하자. 그러면 아이가 넘어져도 '나는 왜 이렇게 바보 같지?'라고 생각하는 게 아니라 '아, 아빠가 원래 다 넘어지는 것이고, 그게 배우는 과정이라고 했지. 정말 그렇네.'라고 대수롭지 않게 생각하게 된다.

실패를 통해
성장하는 아이로

실패를 통해 배운다는 건, 실패를 내가 견딜 수 있다고 배우는 것도 있지만 실패를 한 상황에서 내가 얻는 게 있다는 걸 알게 된다는 것이다. 이것을 자신 있게 말할 수 있는 이유는 나도 이런저런 실패를 해봤기 때문이다. 나는 정신과 레지던트 시험에 떨어졌었다. 수술실에서 보조 서다가 그냥 눈물이 날 정도로 슬펐다. 레지던트에 떨어지면 대개 재수를 하면서 아르바이트를 한다. 그런데 나는 엉뚱하게도 미국에 왔다. 돈도 없고 영어도 못하는데 별 계획도 없이 동료들은 레지던트가 되어서 돈을 벌어가며 일하는 동안 나는 남의 나라에서 돈이 없어 핫도그만 먹으면서 재수를 했다.

그렇게 2년이 지나고 나서야 미국에서 레지전트 과정에 들어갔다. 동료들보다 2년이 뒤처진 것이다. 그런데 지나고 나서 보니 그 2년 동안 내가 엄청나게 성장했다는 것을 알 수 있었다. 다른 나라에 살아봤고 소수가 되어봤고 말을 제대로 못 하는 사람이 되어봤고 돈 없는 사람이 되어봤다. 그런 상황에서도 살아남고 또 생각지도 못한 여러 경험을 하고 나니까 이런 생각이 들었다.

'내가 원했던 것을 성취하지 못하고 큰 실패를 한다고 해도 그게 꼭 뭔가를 잃는 건 아니구나. 2년을 잃은 게 아니라 그 시간 동안 많은 걸 얻고 성장했구나.'

2017년에는 더 큰 시련이 찾아왔다. 어느 날 갑자기 이유 없이 아프기 시작해서 두세 달이 지나자 잘 앉아 있지도 못하게 됐다. 원인이 뭔지 진단하는 데만 6개월이 걸렸고 치료가 잘 안 되어서 온갖 치료를 다 받으며 힘든 1년 반을 보냈다. 그동안 일도 할 수 없었으니 어떻게 보면 인생이 끝난 것 같은 상황이었다. 심하게 좌절한 것은 물론이고 너무 아프고 힘들어서 거의 매일 울며 지냈다.

그런데 지금 돌아보면 그때 역시 크게 성장한 시기였다. 어떻게 보면 그 과정이 있었기 때문에 지금의 나라는 사람이 있다. 그 과정이 있었기 때문에 나 자신이 가장 소중하고 자기를 돌보는 시간이 필요하다는 걸 알았다. 그전에는 교수로서 의사로서 너무 바빴기 때문에 나를 돌보지 못했다.

모든 것이 사라지고 누워서 일어나지도 못하게 되어서야 나라는 사람을 더 깊이 성찰하게 되었다. 내가 이 삶을 왜 살고 있는지, 내가 살아가는 의미는 뭔지 생각하게 된 것이다. 그때 책을 쓰기 시작해서 『마음이 흐르는 대로』라는 책을 내게 되었다. 그런 좌절이 없었다면 그냥 교수와 의사로서는 잘 살았을지 모르겠지만 조금 더 나 자신을 알고 내 삶의 의미를 찾는 경험은 못 했을 것이다. 그리고 지금처럼 많은 사람에게 기여하는 삶을 살아야겠다는 마음이 안 생겼을 수도 있다.

"삶이 너에게 레몬을 주면 레모네이드를 만들어라(When life gives you lemons, make lemonade)"라는 말이 있다. 레몬은 시어서 그냥 먹기가 힘들다. 인생이 그런 레몬을 던져준다면 '나한테 왜 이런 걸 주는 거야?'라고 하기보다 그것을 짜고 갈고 설탕 넣어서 레모네이드를 만들라는 것이다. 시련이나 슬픔, 좌절의 순간은 누구에게나 온다. 회복탄력성이 있는 사람은 그 어떤 일이 있어도 주저앉지 않는다. 오히려 시련을 기회로 삼아 더 성장한다. 그런 아이를 기르고 싶다면 어릴 때부터 잘 가르쳐주자.

말로 가르쳐줄 수 있지만 부모가 몸소 보여주는 것이 최고의 가르침이다. 나의 부모님은 고등학교도 졸업하지 않았고 돈도 없었다. 봉제 공장도 해보고 장사도 해봤지만 항상 실패했다. 그래도 실패하고 남은 물건을 길거리에서라도 다시 팔았다. 절대 그대로 쓰러져 있지 않았다. 그런 부모님을 보고 나도 배운 게 많다. 좌절해서 쓰러져 있기보다는 일어나서 뭐라도 하는 자세가 중요하다는 생각이 내 머릿속에 깊이 박혔다. 부모의 영향이 이처럼 크다. 부모가 이런 자세를 보여주면 아이는 그걸 흡수한다.

실패해서 다 망했다고 생각하는 사람은 크게 성장하기 힘들다. 정신과 의사로서 나는 생각이 이끄는 방향과 힘이 굉장히 크다는 걸 안다. 한 번의 실패로 인생이 망했다고 생각하는 사람은 주변에 레모네이드 만들 재료가 다 있어도 못 본다. 신 레몬으로 레모네이드를 만들 수 있다고 생각하는 사람에게만 설탕이 보인다. 아이한테 숨어 있는 설탕을 볼 수 있는 시각을 심어주자. 뜻이 있는 곳에 길이 있다고, 내가 보기 시작하면 보이는 게 길이다.

부모 연습   실패를 두려워하지 않는 아이

세상에 대한 첫걸음마를 시작하는 아이는 언제든 실패할 수 있다. 그리고 실패를 두려워하지 않는 아이는 실패 속에서도 성장하며 자신만의 가치를 발견할 수 있다. 우리 아이가 겪는 실패에는 어떤 것이 있을지 생각해보자.

Q 지난주 아이가 실패나 실수를 한 것은 무엇인가?

Q 그에 대해 나는 어떻게 반응했나?

Q 실패나 실수를 통해 아이가 배운 것은 무엇인가?

Q 이번 주에 아이가 연습하고 있는 것이 있는가?
나는 아이에게 실패를 권장할 것인가, 피하라고 할 것인가?

감사를
배운 아이는

:
.

좌절을
이겨낸다

힘들어하는 아이,
생각 회로를 바꿔라

힘든 일이 생기면 인간은 최악의 상황을 생각하게 된다. 이것이 인간의 생존 본능이다. 살아남기 위해 최악의 상황을 생각하고 대비하는 것이다. 인간에게 거의 무의식적으로 솟아나는 사고가 자동적 사고(automatic thoughts)인데 이것은 대체로 부정적이다. 예를 들면 동굴에 사는 원시인이 쿵 하는 소리를 들었다고 해보자. 그냥 돌이 떨어졌을 수도 있지만 그렇게 생각하고 안심했다가는 무슨 일이 생길지 모른다. 최악의 경우 맹수가 밖에 있다고 생각하고 행동해야 하는 것이다.

현대사회에는 그렇게 위험하거나 생존 본능이 발동할 일이 많지 않다. 그렇지만 우리는 여전히 최악의 상황을 떠올리고 불안해한다. 아이들은 대체로 잘 자라난다. 걱정해야 할 아이들은 소수다. 그런데도 부모들은 자기 아이가 최악이 될 것 같은 불안에 시달린다. 마음은 원시인처럼 사는 것이다. 항상 이렇게 살면 당연히 힘들다. 이런 사고를 바꾸기 위해 내가 제안하는 것이 감사 요법이다.

자동적 사고가 시작되면 모든 일이 잘못될 것 같다. 뇌에서 이렇게 부정적 사고의 회로가 돌아가기 시작하면 그 회로에서 빠져나오기가 참 힘들다. 이 회로를 끊어주고 다른 회로로 가야 한다. 그 다른 회로가 바로 '감사' 회로다.

예를 들어 아이가 말도 안 듣고 그냥 드러누워 있다면 부모는 아이가 게을러지고 엇나갈까 봐 두려워진다. 이렇게 불안한 생각은 점점 더 심해진다. 그렇다고 해서 답이 나오는 것도 아니고 아이만 더 압박하게 되고 갈등이 심화된다. 이럴 때는 에너지의 방향을 '감사'로 바꾸는 것이다. 아이가 저러고 있으니 감사할 게 생각이 안 난다. 그래도 조금 에너지를 써서 이렇게 감사해야 한다. '우리 아이 그래도 건강하다. 그래도 우리 가족 화목하다. 그래도 나에게 직업이 있다' 하는 식으로 감사할 것을 생각해야 한다.

나는 아팠던 시기에 아침부터 두통이 심한 날이 자주 있었다. 그러면 '머리 아프니까 오늘도 버렸구나. 이제 아무것도 못 하겠구나'라는 생각이 들었다. 눈물 나고 억울하고 막막했다. 머리도 더 아팠다. 그래서 감사 요법을 배우고 연습도 했다. 오늘도 버렸다는 생각이 나고 더 슬퍼지는 건 자동적 사고다. 그럴 때 감사를 한다.

감사할 것이 잘 생각나지 않을 때는 카테고리를 나눠보면 도움이 된다. 나에 대한 감사, 남에 대한 감사, 내가 가지고 있는 것에 대한 감사, 내 경험에 대한 감사로 나누어 하나하나 생각해본다.

나의 경우는 나를 돌봐주는 가족이 있었고 쉬라고 해주는 상사가 있었다. 그리고 결혼한 지 7개월 되었을 때니까 혼자가 아니어서 감사했다. 통증이 심한 날에도 억지로라도 감사할 것을 떠올렸다. 이렇게 생각하려고 하면 감사할 일이 의외로 많다. 감사를 연습하다 보면 거의 자동적 사고만큼 자동으로 하게 된다.

조금 더 노력하고 싶은 사람은 감사 일기를 쓰면 참 좋다. 5분, 10분이면 된다. '망했다'에서 '감사하다'로 바꾸는 순간, 머릿속 생각 회로가 바뀐다. 우리 뇌에는 시상하부라는 곳이 있는데 대사 조절을 담당하는 곳이다. 생각 회로가 감사로 바뀌면 시상하부가 활성화되

감사 요법

면서, 몸이 좀 편해지고 호흡도 편안해지며 혈압, 잠, 식욕 등이 전체적으로 조절된다. 또한 세로토닌과 도파민이라는 신경전달물질이 증가한다. 세로토닌은 항우울제를 쓰면 올라가는 신경전달물질로, 세로토닌이 올라가면 대체로 기분이 좋아진다. 도파민은 동기 부여를 하는 신경전달물질이다. 도파민이 나오면 우리 뇌는 보상을 받는다고 느끼므로 그 행동을 또 하고 싶다는 동기 부여가 된다.

조금 노력해서 감사하면 이처럼 몸이 바뀌고 정신이 바뀐다. 감사할 것 없어 보이는 힘든 환경에서도 스스로 생각을 바꾸고 회로가 긍정적인 쪽으로 돌아가게 만든다. 그렇게 되면 무언가를 해볼 동기가 생긴다. 실제로 한 실험에서 만성질환을 앓고 있는 사람들을 세 그룹으로 나누어 A그룹은 감사 일기를 쓰게 했고, B그룹은 화나고 짜증난 일을 쓰게 했고, C그룹은 일반적인 일기를 쓰게 했다. 병에 시달리면서 감사하기가 쉽지 않은데 아주 작은 거라도 쓰도록 했다. 10주 후 검사했을 때 감사 일기를 쓴 A그룹은 다른 그룹에 비해 더 희망적이고 더 삶에 만족했으며, 병원을 찾는 횟수도 줄어든 것으로 나타났다(Emmons & McCullough 2003).

또 다른 실험에서는 감사 일기를 3개월간 쓰면서 뇌를 지속적으로 훈련한 사람들의 경우 감사 회로가 더 쉽게 활성화되는 것이 보였다(Kini et al, 2015).

생각의 회로를 바꾸자. 연습하다 보면 점점 더 감사할 일이 보인다. 아는 사람에게만 보이는 것이다. 처음에는 쥐어짜서 감사하다가도 계속하다 보면 그냥 자동으로 나온다. 감사의 힘이 얼마나 대단한지 해본 사람만이 알 수 있다.

긍정적인 사람과
부정적인 사람의 차이

감사 요법은 긍정적인 마음자세와도 상통한다. 모든 세상 일에는 좋은 점도 있고 나쁜 점도 있다. 이걸 잘 모르겠다면 감사를 습관화해보라. 좋은 점이 눈에 들어오기 시작할 것이다. 감사는 회복탄력성과도 연결된다. 감사할 줄 아는 아이는 어려운 상황이나 작은 것에도 감사할 수 있다는 걸 알게 된다. 그런 아이는 시련이 왔을 때 좌절하지 않는다. 감사가 몸의 습관이 됐기 때문이다.

대학 입시에 실패해도 '그래도 나에게는 나를 위해주시는 부모님이 계셔'라고 하면서 감사한다. 그러면 세로토닌과 도파민이 많이 나오고, 기분이 더 좋아지고 뭘 해보려고 하는 의지가 생긴다. 동기부여가 되어 다시 도전하고 시작할 수 있다.

긍정적인 마음자세, 감사 요법, 회복탄력성…. 결국 이 모두가 연장선상에 있다. 긍정적인 마음자세와 회복탄력성은 조금 추상적인 개념이지만 감사 요법은 내가 직접 구체적으로 실행하는 방법이다.

감사 요법만 잘 실행하면 나머지는 대개 자연적으로 따라온다.

화가 난다거나 억울한 일이 생길 때마다 그 감정 속에 갇혀 있을 것인가, 빠져나올 것인가? 빠져나오고 싶다면 그 열쇠는 감사 요법이다. 예를 들어 나는 억울한 일을 당하면 '이렇게 하루 종일 억울해하고 싶지 않아'라고 생각한다. 그리고 '그래도 이 정도로 마무리돼서 다행이다. 저 사람이 지금 본 모습을 보여줘서, 더 당하지 않아서 다행이다'라고 감사한다. 그렇게 하면 마음이 훨씬 더 편해진다.

성공하는 사람들의
감사 습관

성공한 사람들, 크게 이루고 많은 사람들에게 좋은 영향을 미치는 사람들 중에 감사를 습관화하지 않는 사람은 드물다. 세상에는 크게 두 종류의 사람들이 있다. 한 부류는 내가 이만큼 이룬 것은 많은 사람들이 도와준 덕분이라고 생각하는 사람이다. 다른 부류는 내 주위에 다 이상한 사람들밖에 없는데 내가 잘 살아남았다, 내가 남 놀 때 열심히 일해서 여기까지 왔다고 생각하는 사람이다. 전자는 자신에게 주어진 복과 다른 사람들의 기여로 자신이 성공했다고 생각하기 때문에 감사함은 물론이고, 자신도 다른 사람에게 기여해야 한다고 생각한다. 그래서 더 발전하게 된다. 반면 후자는 자기가 애써서 이룬 것을 지키려고만 한다. 그러다가 더 크게 성장할 기회가 잘 주어지지 않거나 가진 것조차 잃기도 한다.

우리 아이는 전자와 같이 키워야 한다. 세상에서 혼자 성장하고 혼자 잘되는 사람은 없다는 것을 가르치자. 직접적으로든 간접적으로든 우리는 누구나 다른 사람의 영향을 받고 도움을 받는다.

감사할 줄 모르는 아이는 자신한테 주어진 것이 당연하다고 생각한다. 그러면 남과 똑같이 가져도 그것의 가치가 더 적다고 여긴다. 부모가 나를 사랑해주고 안락한 가정이 있는 것도 당연하다고 생각한다. 뿐만 아니라 자신에게 부족한 부분에 더 집중하며 왜 그것은 주어지지 않았냐고 불평하게 된다.

오프라 윈프리, 빌 클린턴, 리처드 브랜슨, 팀 페리스 같은 소위 성공했다는 사람들은 거의 다 감사 명상을 하거나 감사 일기를 쓴다. 서양에서는 감사의 힘이 일찍부터 연구되고 알려져 있다. 특히 유명 인사는 개인 코치가 있어 감사하는 법을 가르치고 지도하는 경우도 많다. 그 방법이 그리 어려운 게 아니다. 지금부터 우리도 해보자.

세상에
당연한 것은 없다

앞에서 언급한 《뉴욕 타임스》 베스트셀러 작가 그렉 맥커운을 인터

뷰할 때였다. (저서로 『에센셜리즘』과 『최소 노력의 법칙』이 있다.) 인터뷰 끝에 "한국 독자들에게 한 말씀 해주세요" 했는데, 그가 한 말에 조금 놀랐다. 한국을 좋아하고 한국에 와봤다고 애정을 드러내면서 다만 '조금 더 감사하는 마음이 있으면 좋겠다'고 말하는 게 아닌가.

우리나라는 유능한 인재가 많고, 기술력도 앞서가며, 경제적으로도 GDP가 전 세계 10위인 상대적으로 풍족한 나라다. 그런데 감사가 빠져 있다는 것을 그가 실감한 것이다. 감사가 빠지면 지금 가진 것의 가치도 점점 축소되어 느껴진다. 가진 것도 별거 아니거나 당연한 게 되어버린다. 반면 감사를 하면 지금 우리가 가진 것이 훨씬 가치 있게 느껴진다. 그러면 훨씬 더 행복해진다.

그렉 맥커운은 그냥 감사 정도가 아니라 극단적인 감사(radical gratitude)까지 강조한다. 그의 십 대 딸이 어느 날 갑자기 경련을 하기 시작하면서 한쪽 몸에 마비가 왔다. 게다가 인지 기능도 매우 떨어져, 자신의 이름을 쓰는 데만 몇 분이 걸렸다. 여러 병원을 다녔으나, 명확한 병명이나 치료법을 알아내지 못했다. 아이를 잃는 것 다음으로 부모로서 겪을 수 있는 최고로 암울한 상황이었다. 맥커운 부부는 힘들었으나 다시 마음을 다잡고 감사하기로 했다.

"그래도 살아서 밥을 같이 먹을 수 있는 것에 감사하자. 같이 피아노 치고 노래 부르는 시간에 감사하자."

감사할 수 없는 상황, 감사는커녕 원망과 절망이 넘칠 상황에 감사할 것을 찾은 것이다. 이게 바로 극단적인 감사이다. 그 정도로 감사를 중요하게 생각하는 사람이고 우리에게 해주고 싶은 말도 '조금 더 감사하는 삶'이었다. 가진 게 많아도 감사가 부족하면 행복하기 어렵다. 감사하지 않는 사람이 긍정적이기 어렵다. 가진 것에 감사할 수 있는 사람이 점점 더 성장할 수 있고 행복해질 수 있다.

아이가 시험에서 60점 맞아 오면 많은 가정에서 큰일이 난 것처럼 난리가 난다. 내 조카는 수학을 30점 받은 적도 있다. 60점이든 30점이든 부모는 어디에 집중할까?

"이 일을 어떻게 하면 좋아. 뭘 어떻게 얼마나 공부할래? 과외 선생님을 찾아봐야겠다."

오직 낮은 점수를 올리는 데 집중하면 아이가 건강하고 우리 가족이 화목하게 살아 있다는 행복을 잊어버린다. 우리 가족이 화목하고 건강한 게 훨씬 더 중요한 거 아닌가. 훨씬 더 중요한 걸 잊어버리고 그리 중요하지 않은 것에 목숨을 건다.

세상에 당연한 것은 없다. 아이가 건강한 것, 우리 가족이 다 같이 있는 것, 오늘 같이 저녁 먹은 것, 같이 공원에 간 것…. 평범한 것에 감사하기 시작하면 거기에서 의미가 생긴다. 아이들도 그걸 느끼게 된다. 감사에 충만하고 자신이 복 받았다고 느끼게 된다. 그러면 아이든 부모든 시험 30점 받은 정도는 크게 나쁜 상황이 아니라는 것을 깨닫는다. 우리 가족이 행복하게 사랑을 나누는 것은 사실 성적과는 상관없는 것이다. 삶을 더 긍정적으로 바라보고 행복하게 살기 위해 온 가족이 함께 감사하는 연습을 하자.

온 가족이 함께하는
감사 요법

감사 요법은 앞서 말했듯 카테고리를 나누면 더 생각이 잘 나고, 또 생각에서 그치기보다 종이에 써보면 더 좋다.

종이를 4등분해서 나, 다른 사람, 물질, 경험에 대해 감사할 것을 각각 써보자. 재미있는 것은, 사람들에게 감사할 점을 써보라고 하면 남에 대한 감사는 비교적 쉽게 나온다는 사실이다. 항상 타인에게 "감사합니다"라고 인사하는 습관이 있기 때문일 것이다. 그러나 나 자신에게 감사하는 것도 중요하다.

"이 상황에도 이렇게 견뎌줘서 잘하고 있어 고맙다."

"너 지금 일도 하랴, 아이도 보랴. 수고가 많아. 이거 진짜 아무나 하는 거 아니야. 이 정도 하는 거 너 정말 잘하고 있다. 고맙다."

물질에 감사하는 것도 어렵지 않다.

"그래도 살 집이 있다. 이 정도의 물질이 있다."

그다음에 경험에도 감사할 수 있다. 심지어 나쁜 경험에도 감사할 수 있다. 왜냐하면 나쁜 경험에서 내가 얻는 게 있기 때문이다.

"아프지만 그래도 쉴 수 있는 시간을 갖게 되어서 감사하다."

"코로나19로 굉장히 힘들었지만 우리 가족이 함께하는 시간이 늘어서 감사하다."

별일이 없었다고 해도 "오늘 아침에 커피 한잔하는데 너무 좋았다. 그런 시간이 있어서 감사하다", "오늘 하늘이 너무 예뻤어. 그런 자연을 느낄 수 있어서 감사하다"라고 한다.

감사 요법

나에게	다른 사람에게
물질에 대해	경험에 대해

내가 너무 이상적인 이야기를 하는 것 같은가? '이렇게 사는 사람이 어딨어?'라는 생각이 드는가? 사실 감사가 생활화된 사람을 미국 문화에서는 흔히 찾아 볼 수 있고, 내가 이런 말을 하면 다들 의문을 제시하기보다는 고개를 끄덕인다. 일단 감사 요법을 한번 해보고 느껴보길 바란다. 그러면 기분도 더 좋아지고, 상황을 보는 시각이 더 나아지고, 나아지면 더 감사하게 된다. 이것을 아이들에게도 가르쳐줘야 한다. 아이들과 함께 하루에 두 번 감사하는 시간을 갖기를 추천

한다. 아침 루틴과 저녁 루틴에 넣는 것이다. "낯간지러워서 어떻게 해요?"라고 하는 사람도 있는데, 그것은 우리가 해보지 않아서 그렇다. 어렸을 때부터 하면 이게 문화가 된다.

가족이 함께 감사하는 시간을 갖자. 서로에게도 감사를 표하자. 감사는 쌍방향이다. 내가 아이들에게 감사하면 아이 마음에도 앞에서 말한 똑같은 뇌의 반응이 일이 일어난다. 대사가 편안해지고, 세로토닌과 도파민의 수치가 높아진다. 아이의 생각도 긍정적으로 흐르기 시작한다. 그야말로 윈-윈(win-win)이 아닌가.

앞서 20초 허그에 대해 배웠다. 허그와 감사의 말은 세트다. 아이를 꼭 안아준 뒤에 감사하는 말을 전하자. 예를 들어 "우리 지영이 너무 사랑해. 오늘 아침에 좀 힘들었는데 그래도 학교 갔다 와서, 학원 갔다 와서 정말 고맙다"라고 하자. 이렇게 감사를 표현하면 나의 감사 회로도 돌아가고 아이 회로도 같이 돌아간다. 몸과 마음이 한결 편안해진다. 이것이 가족의 루틴이 되어야 한다.

좋은 면에
집중하는 연습

모든 일에는 좋은 면과 나쁜 면이 있다고 했다. 그런데 세상을 조금 더 긍정적으로 살아가는 사람과 긍정적이지 않게 살아가는 사람은 시각에서 갈린다. 긍정적인 사람은 장점에 집중한다. 감사할 것을 찾는다. 어떤 상황에서도 장점을 찾으려면 찾을 수 있다. 그러면 모든 상황이 꽤 괜찮은 상황이 된다. 어떤 결정을 했건 어떤 상황에 처했건 괜찮은 상황이 될 수 있는 것이다.

반대로 긍정적인 면을 보고 장점에 집중하는 습관이 안 된 사람은 자동으로 부정적인 생각, 더 나아가 최악의 생각으로 향한다. 사기처럼 억울한 일을 당하면 끝없이 침잠한다. '왜 나한테 이런 나쁜 일이 일어나는 거야? 나는 진짜 바보다. 이렇게 당하다니 이래서 어떻게 사나? 이번 생은 망했다'라며 부정적인 면에 함몰된다. 그러면 이 사람의 삶은 계속 억울하고 우울하다. 사실 이런 상황에서 긍정적인 면을 보기는 쉽지 않다. 그리고 단점만 마구 눈에 띄게 된다.

긍정적인 사람은 나쁜 상황 속에서도 뭔가를 얻고 다음 단계로 나아가는 방법을 훈련해서 알고 있다. 반면 부정적인 사람은 그 상황에서 뭔가를 얻기가 어렵기 때문에 다음 단계도 없다. 나아가질 못하니 주저앉거나 퇴보할 가능성이 더 커진다.

예를 들면 결혼 상대를 결정하는데 돈 많은 남자가 있고, 돈은 별로 없지만 나를 정말 사랑해주는 남자가 있다고 해보자. 누굴 택하겠는가? 사람 취향과 가치가 다르기 때문에 결정은 자기가 하는 것이다. 돈이 많은 게 사랑스러울 수도 있다. 그래서 잘 생각해본 다음에 자기가 좋은 사람에게 가면 된다. 문제는 선택하고 나서의 일이다. 돈 많은 남자와 결혼을 했다면 돈이 많다는 장점을 봐야 한다. '이렇게 좋은 집도 있고 돈 걱정 안 해도 되어서 좋다'라고 생각해야 한다. 그런데 '이 사람은 맨날 늦게 들어오고 사랑 표현도 안 하고 이게 신혼이야?'라고 생각한다면 결정을 잘못한 것이 된다. 반대로 나를 사랑해주는 사람과 결혼했다면 그 장점에 집중해야 한다. 그런데 맨날 돈 때문에 싸운다면 역시 잘못 선택한 것이 된다.

어떤 상황이 주어지건 장점에 집중하면 좋은 상황이 될 수 있다. 반대로 단점에 집중하면 모든 상황이 다 잘못된 상황이다. 삶을 살아갈 때 '어디에 집중할 것인가'는 나의 선택이다. 장점에 집중하면 내 삶이 긍정적으로 받아들여지고, 단점에 집중하면 모든 상황이 엉망진창 잘못된 선택투성이일 수 있다. 절망스럽고 힘들 때일수록 긍정적 마음자세를 갖고 장점을 찾는 감사 요법을 실천해보자. 그러면 어두운 터널 속 같은 상황에서도 빛이 보이고 길이 보이기 시작할 것이다. 아이를 바라볼 때도 마찬가지다. 단점에만 집중하기보다 장점에 더 집중하고 감사하면, 아이에 대한 긍정적이고 사랑스러운 시선이 생길 것이다.

부모 연습 | 감사 요법 챌린지

나 자신과 다른 사람이나 물질, 경험에 대해 감사한 것을 적어보자.

Q 나 자신에게 감사한 것을 적어보자.

- 아이:
- 부모:

Q 다른 사람에게 감사한 것을 적고 직접 감사를 표현해보자.

- 아이:
- 부모:

Q 물질에 대해 감사한 것을 적어보자.

- 아이:
- 부모:

Q 경험한 것에 대해 감사한 것을 적어보자. 특히 어려운 상황에서 배운 점이 있었거나, 안 좋은 상황에서 뭔가를 얻었던 적이 있다면 적어보자.

- 아이:
- 부모:

Part 3

Essential Parenting

어릴 때
이것만 해도
아이는
잘 자란다

아이의
행동을

︙

바로잡는
OT 요법

아이에게는
규칙이 필요하다

부모라면 아이에게 옳은 것과 그른 것, 안전한 것과 위험한 것도 가르쳐야 한다. 이런 건 해도 된다, 안 된다를 가르쳐줘야 할 때 갈등이 일어날 수 있다. 아이가 하고 싶다고 하는데 부모는 하지 말라고 하는 상황은 하루에도 몇 번씩 벌어진다. 아이한테 해야 할 것과 하지 말아야 할 것을 가르쳐줄 때 중요한 원칙이 있다. 나는 이것을 'OT요법'이라고 이름 지었다. OT는 오리엔테이션을 말한다. 오리엔테이션은 대학의 신입생이나 회사의 신입사원들을 대상으로 새로운 환경과 시스템에 대해 설명해주고 적응하게 돕는 것이다. 우리 아이들에게 세상을 살아가면서 어떤 일을 해야 하고 안 해야 하는지, 오리엔테이션 하듯이 잘 설명하고 가르쳐줘야 한다.

예를 들어 슈퍼마켓 갈 때마다 아이가 뭘 사달라고 울고 생떼를 쓴다. 지적이나 훈계를 말로 계속해서는 해결이 잘 안 될 수가 있다. 공공장소에서 이러니 부모는 곤욕스럽고, 아이는 이미 흥분한 상태라 훈육이 먹히지 않고, 또 다음에 왔을 때는 잊어버릴 수도 있다. 그래서 사전에 규칙을 만들어놓고 OT를 해주는 것이 중요하다.

그럼 규칙은 어떻게 정하는가? 규칙과 루틴은 아이들뿐 아니라 부모한테도 중요하다. 규칙을 정할 때는 가족회의를 활용하자. 아이를 규칙이 정해지는 과정에 포함시켜야 훨씬 더 말을 잘 알아듣는다. 아이가 말귀를 알아듣는 정도만 되면 OT 요법을 사용할 수 있다.

"오늘 가족들이 모여서 이야기하는 날이다"라고 하면서 아이가 좋아하는 음식도 좀 갖다 놓고 이게 재미있는 거라는 느낌을 주자. 야단맞는 시간이라는 느낌이 들면 협조를 얻기 어렵다. 엄마, 아빠는 아이가 지켜야 할 것들에 대해 미리 생각해놓아야 한다. 예를 들어 아이가 슈퍼마켓만 가면 과자를 사달라고 난리를 칠 수 있다. 자제가 안 된다. 그러면 이것에 대해서 의논하는 것이다.

"우리 매번 슈퍼마켓에 갈 때마다 지영이가 갖고 싶은 게 있는데 갖지 못해서 속상하지? 갈 때마다 지영이도 힘들고 엄마도 힘들었지, 그치? 그래서 우리가 이것에 대해서 이야기해볼 거야. 너는 어떻게 생각해? 어떻게 하면 지영이와 엄마가 같이 재밌는 시간을 보내고 장도 잘 보고 올 수 있을까?"

이렇게 아이와 같이 이야기를 나누도록 권장한다. 아이가 별 의견이 없을 수도 있고, 자신의 생각을 이야기할 수도 있다. 아이가 말하면 경청한다. 그리고는 부모의 제안을 말하면 된다.

"그런데 슈퍼에 갈 때마다 지영이가 사달라는 것을 다 사줄 수는 없어. 앞으로 슈퍼에 갔을 때는 과자 한 개만 고를 수 있어. 지영이 할 수 있겠어?"

제안도 하고 아이 의견도 물어보면서 규칙을 설명해준다.

"처음에는 좀 어려울 수도 있거든? 그래서 만약에 너무 힘들고 지영이가 다시 떼쓰기 시작하면 우리는 집으로 다시 와야 해."

그럼 아이가 왜냐고 물을 텐데, 이때도 차분하게 이야기해준다.

"우리가 소란을 피우면 가게 주인이나 다른 손님들께 피해를 준단다. 다른 사람에게 피해를 주는 행동을 하면 안 되는 거야. 또 물건들이 주위에 많아서 위험할 수도 있어. 그래서 규칙을 지키기 힘들면 집으로 그냥 와야 해."

이렇게 충분히 이해를 시켜줘야 한다. 즐거운 분위기 속에서 의견을 나누다 보면 아이도 이해하게 된다. 이렇게 규칙을 정했다면 슈퍼마켓에 가기 전에 다시 한번 말한다.

"우리 그때 규칙을 정했지? 슈퍼 갈 때 어떻게 한다고 했지?"

과자를 하나만 고르기로 했고, 혹시 지영이가 그것을 지키기 어렵다면 집으로 와야 한다. 대신 가기 전에 한 번 더 상기시켜준다. 적어두거나 그림을 그려도 된다. 사탕 한 개, 얌전히 있는 모습, 집에 오는 것을 한눈에 볼 수 있게 적거나 그려놓고 보여준다.

"오늘 할 수 있겠지? 우리 노력하자."

슈퍼마켓에 들어가기 직전에 또 한 번 상기시켜준다. "과자 한 개, 조용하게 안전하게 갔다 오는 거야"라고 말하고 들어간다. 아이가 규칙을 스스로 말할 수 있으면 더 좋다.

갔는데 안 될 수도 있다. 아이가 또 뭘 사달라고 떼를 쓴다면

"지영이가 아직 규칙을 잘 지킬 준비가 덜 됐구나. 이제 집에 가야 해" 하고 장을 덜 봤다 하더라도 진짜 집에 가는 것이다. 이게 훈련이다. "너 때문에 죽겠다", 이런 말을 할 필요도 없다. 물론 장을 못 보고 왔으니 화가 날 것이다. 하지만 심호흡을 하고 침착하자. "아직 잘 안 되지? 그런데 연습하면 곧 할 수 있을 거야"라고 하자.

이렇게 뭐든지 OT를 해줘야 한다. 형제끼리 장난감을 갖고 싸운다? "야, 싸우지 마. 네가 양보해"라면서 지시 혹은 도움을 줘도 다음에 또 싸운다. 부모가 질책이나 훈육을 한다고 아이의 행동 변화가 그렇게 쉽게 오진 않는다. 이때도 역시 가족회의를 하자.

"지영아, 오빠랑 맨날 장난감 갖고 싸우는데 어떻게 하면 오빠와 함께 잘 가지고 놀 수 있을까?"

야단치는 자세보다는 간식도 먹어가면서 오빠도 함께 앉아서 편안한 분위기에서 이야기하는 것이다. 그러면 아이들끼리 서로 자기 생각을 말할 것이다. 동생은 오빠 잘못이라고 하고, 오빠는 동생 때문이라고 할 수도 있다. 아이들 말을 다 들어준 다음 "그럼 이 장난감을 한 번에 얼마 동안 가지고 논 다음 다른 사람에게 주기로 정하는 것이 어떨까? 타이머를 놔둘까?"라고 규칙을 제안한다.

부모가 안을 몇 개 제시해주고 아이들도 생각을 이야기해볼 수 있다. 그렇게 규칙을 정하는 것이다. 장난감을 동생이 10분, 오빠가 10분 가지고 놀기로 정했다. 규칙을 지키지 않으면 어떻게 할지도 정한다. 그리고 그 장난감을 꺼낼 때 상기시켜준다.

"이거 어떻게 놀기로 했지?"라고 묻고 아이가 스스로 대답하도록 기다려준다. 혹 기억하지 못하면 "네가 10분, 오빠가 10분, 이렇게 하기로 했지? 그동안 방해 안 하기로 했지?"라고 상기시켜준다. "그럼 방해하면 어떻게 되지?"라고 행동의 결과를 물어보고 아이가 대답하도록 기다려준다. 아이가 답을 못한다면 "그러면 다음에 또 연습하고 오늘은 이 장난감은 꺼내지 않는 거야"라고 상기시켜준다.

아이들이 규칙을 못 지켰다면 "너 그럴 줄 알았다"라고 하지 말고 "아직 좀 어렵지? 오늘은 그러면 여기까지 연습했고 이건 넣어둔다"라고 하면서 약속대로 그 장난감은 치운다. 이렇게 아이들은 '내가 연습해서 규칙을 잘 따라야 즐겁게 놀 수 있다'는 것을 배운다.

한 번에
잘하는 아이는 없다

이때 부모의 생각이 아주 중요하다. 몇 번을 해도 아이가 규칙을 못 따를 수 있다. 그런데 그것은 아이들이 안 한다기보다는 못하는 것이다. 아이들은 아직 성숙하지 않았기 때문에 그냥 갖고 놀고 싶은 마음이 규칙을 지켜야겠다는 마음보다 강하다. 사실 어른들도 크게 다르지 않다. 운동해야 한다는 걸 뻔히 알면서도 안 하지 않는가. 운동의 필요성을 무시해서가 아니라 마음으로는 아는데 잘 안 되는 것이다. 아이들도 규칙을 무시하는 게 아니라 지키고 싶은데 잘 안 되는 것이다. 그러므로 부모는 이렇게 생각해야 한다.

'할 수 있었으면 했을 텐데 아직 연습이 부족했구나. 아직 그만큼 성숙하지 않았구나.'

어제는 지켰는데 오늘 안 지켰다. 자기 기분 좋으면 하고 기분 안 좋으면 안 한다. 이것도 똑같다. 우리도 기분 좋으면 운동을 좀 더 하는데 운동할 기분이 아니면 안 하지 않는가. 그만큼 자기 훈련이 안 된 것이다. 아이도 규칙을 지속적으로 따를 만큼 성숙하지 않은 것이다. 그러니까 아이가 잘할 때는 칭찬해주고 규칙을 안 따랐을 때는 "아직도 좀 어렵지? 연습 많이 하자. 그러면 더 쉬워질 거야"라고 말해주자. 그리고 규칙을 안 지켰을 경우 어떻게 할지 정한 대로 하면 된다. 슈퍼마켓에서 그냥 돌아온다거나 장난감을 더 이상 못 갖고 놀게 하는 것이다. 아직 준비가 안 된 상황에서 일어나는 당연한 결과다. 이런 결과를 자연적 결과(natural consequence)라고 부른다.

그러면 아이는 벌과 질책과 부모의 화에 맞닥뜨리는 게 아니라 '어떤 것을 내가 연습해야 하는데 아직 연습하는 중이구나'라고 생각한다. 그리고 '아직 내가 완전히 훈련이 안 됐으니 오늘은 못하는구나'라는 것은 조금만 진정되면 이해할 수 있는 결과다. 그래서 속상해도 좀 더 쉽게 받아들일 수 있다. 이렇게 되면 아이의 생각이 부정적으로 빠지지 않는다. 오히려 긍정적으로 생각할 수 있다.

"오늘 그래도 이 정도 했구나? 그래도 오늘 슈퍼에 가서 한 10분까지 괜찮았구나. 노력하고 있지? 다음엔 더 좋아질 거야."

이것이 OT 요법의 핵심이다. 문제 행동을 한번에 다 해결하겠다는 욕심은 버리자. OT를 여러 번 해주고 그림으로도 그려주고 설명도 충분히 해주자. 아이가 기분 좋을 때 한번씩 상기해주자. 잘 안 됐을 때는 약속한 대로 부모가 상황을 정리해야 한다. 귀찮다고 그냥 사고 싶은 거 다 사라고 하면서 규칙을 허물어서는 안 된다. 부모부터 규칙에 따라 일관되게 행동해야 한다.

규칙은
경청과 의논을 통해 정하라

규칙을 정할 때 꼭 지켜야 할 것은 아이의 이야기를 들어주는 것이다. 들어주라고 해서 요구하는 대로 다 해주라는 게 아니다. "네 생각이 그렇구나. 네 생각에는 그걸 그냥 네가 다 했으면 좋겠구나? 그런 마음이 들기도 하겠다"라고 공감해주고 경청해줘야 아이가 마음을 열고 자기 생각을 말한다. 그런 다음 "그런데 오빠도 너처럼 그 장난감을 가지고 놀고 싶지 않겠어?"라고 이야기해주는 것이다.

아이가 아무리 어려도 아이 의견을 잘 들어줘야 한다. 규칙을 정하는 게 일방적이거나 강압적이면 오히려 효과가 떨어진다. 아이들은 좀 엉뚱한 이야기를 할 수도 있다. 그래도 무시하거나 면박 주지 말고 "네 생각은 그렇구나. 네 입장에서는 그런 생각이 들 수도 있겠다. 그런데 말이야…"라고 하며 먼저 잘 들어주고 찬찬히 설명해주면 좋다. 아이가 자랄수록 부모가 일방적으로 지시하면 역효과가 난다. 화가 이미 난 상태에서는 이런 대화를 하기 어렵다. 그래서 더욱 OT 요법이 필요한 것이다. 좋은 분위기에서 서로 경청하면서 해결해야 할 과제를 의논하는 것이 OT 요법의 핵심이다.

만약 아이가 게임을 너무 많이 한다면 역시 OT 요법을 해보자. 가족회의를 열어 이야기하자.

"요즘 게임 시간이 좀 길어지는 것 같은데 너는 어떻게 생각해? 몇 시간 정도가 적절한 것 같아?"

아이가 자기는 괜찮다고 하면서 다들 3시간 정도는 한다고 하면, "그래? 엄마가 조금 걱정되었는데 그럼 3시간 정도에서 네가 잘 알아서 하길 바란다"라고 말한다. 아이가 스스로 봐도 좀 많이 하는 것 같다고 할 수도 있다. 그러면 "너는 몇 시간 정도 하는 게 좋은 것 같아?"라고 의견을 물어보고 대화를 해야 한다. 아이가 4시간 정도가 적당하다고 말했다. 그러면 이렇게 다시 묻는다.

"너는 한 4시간 정도가 맞는 것 같아? 요즘은 어느 정도 하니?"

"한 6시간?"

"네가 생각하는 것보다 한 2시간 정도 조금 더 하는구나? 좀 조절하는 능력을 키워보면 좋겠지? 어떤 방법이 좋을까?"

이렇게 의견을 주고받는 대화가 되어야 한다. 이때 시간 조절에 사용할 수 있는 게 타이머다. 어린아이든 청소년이든 타이머가 있으면 유용하다. 내가 추천하는 것은 비주얼 타이머, 즉 시간이 가는 것이 눈에 잘 보이는 타이머이다. 시간이 흐르는 것을 볼 수 있는 모래시계도 좋다. 아이들용으로 저렴한 모래시계가 많다. 그 외에도 각종 비주얼 타이머가 인터넷 쇼핑몰 등에서 판매되고 있다.

아이한테 "5분 있다가 쿠키를 먹을 수 있어"라고 했다면 5분짜리 모래시계를 준다. 그러면 아이가 딴 거 하면서 모래시계를 보다가 "봐, 5분 다 됐어요"라고 가져온다. 그러면 "잘 기다렸어"라고 칭찬해준다. 만약 10분을 약속했다면 모래시계를 다시 뒤집거나 10분짜리 모래시계를 쓰면 된다. "우리 10분 있다가 나갈 거니까 5분 있다가 모래시계 다 내려가면 다시 뒤집어"라고 하는 것이다.

보통 어린이용 모래시계 상품은 5분, 10분, 15분 등이 세트로 나온다. 아이가 청소년이라면 30분짜리, 1시간짜리 모래시계가 더 적당하다. 청소년은 다른 종류의 비주얼 타이머나 숫자가 큰 그냥 시계도 괜찮다. 타이머는 시간이 되면 알람이 울린다는 장점이 있다. 그래서 누구도 아닌 시간이 말하는 것이라, 감정이 덜 들어가게 된다. 예를 들어 엄마가 "이제 나가야 돼"라고 하는 것보다 타이머가 다 되어 알람이 들리면 짜증이 덜 나게 된다.

조절의 첫 단계는 자기인식이다. 자신이 뭘 얼마나 오랜 시간 하는지 인식하는 게 개선의 시작이다. 그다음은 스스로 조절하려고 노력하는 것이다. 여기서 '스스로'가 중요한 말이다. 계속해서 부모가 "이제 시간 다 됐어"라고 알려주고 재촉하고 있다면, 시간 조절은 부모의 역할이라는 개념을 심어주는 것이 된다. 그리고 아이에게 연습할 기회를 주지 않는 것이다. 타이머를 주시하는 사람이 부모가 아니라 아이 자신이 되게 하면 자기조절력 발달에 큰 도움이 된다.

여기서 주의할 점은 한번에 너무 많은 가짓수의 규칙을 만들지 않는 것이다. 여러 규칙을 다 연습하고 결과를 일관적으로 하기가 쉽지 않아서 권하지 않는다. 특히 문제 행동을 개선하려는 경우에는 한번에 한두 개에서 많으면 3개 정도의 행동 수정을 함께 고려할 수 있다. 예를 들면 슈퍼마켓에서 떼쓰는 것, 장난감 때문에 싸우는 것, 숙제를 안 하는 게 가장 큰 문제라고 해보자. 이 3개를 한꺼번에 고치려고 하기보다는 순차적으로 하는 게 좋다. 슈퍼마켓에서의 행동이 좀 바로잡혔다면 한 가지를 더 넣어보는 것이다. 이런 식으로 많으면 세 가지 정도의 이슈를 함께 개선해볼 수 있다. 제일 중요한 것만 선별해서 규칙을 만들고, 만약 여러 개가 있다면 한두 개 먼저 하고 그것을 익힌 후에 다음 것을 더 하는 식으로, 순차적으로 OT 요법을 적용해보길 바란다.

부모 연습: 아이와 규칙 세우기

아이의 행동을 바로잡는 것의 핵심은 아이가 편안한 상태에서 문제를 의논하고 함께 규칙을 정해놓는 것이다. 그런 후에 아이가 규칙을 잘 따를 수 있도록 도와주는 것이다. 아이가 알아야 할 규칙에 관해 생각해보자.

Q 아이가 어려움을 겪는 상황은 어떤 것들인가?

Q 가족이 함께 모여 문제점을 의논하고 아이의 의견을 들어보자.

Q 어떤 규칙이 적절할지, 규칙을 지키지 못했을 때 어떤 자연적 결과가 발생할지 생각해보자.

우리
아이를

:

지나친 몰입에서
지키는 법

아이가 게임과
스마트폰에 과몰입하는 이유

요즘 게임 때문에 골머리를 썩는 부모가 많다. 많은 부모가 매일 아이와 실랑이한다. 아이가 틈만 나면 게임을 하려고 하기 때문이다. 게임뿐만이 아니다. 아이들에게서 스마트폰을 떼려 하면 전쟁이 시작된다. 게임이나 스마트폰 과몰입은 건강에도 나쁜 영향을 준다. 비만, 시력 저하, 자세/체형 불균형, 관절 문제 등이 발생할 수 있다. 스마트폰 사용 자체가 문제는 아니다. 술도 알코올 자체가 문제라기보다 남용이나 중독이 문제가 되는 것이다. 이 게임, 스마트폰과의 전쟁을 어떻게 종식해야 할지 의견을 구해오는 부모가 많다.

    그런데 '그 문제를 어떻게 해결할까'를 보기 전에, '왜 그 문제가 생겼는지'를 먼저 보아야 하지 않을까? 캐나다 메길대학교 팀이 실시한 연구에 의하면, 우리나라는 조사 대상 24개국 중 5번째로 스마트폰 사용도가 높은 것으로 나타났다. 1위부터 4위는 중국, 사우디아라비아, 말레이시아, 브라질 순이었다. 미국은 18위, 스위스와 프랑스, 독일은 각각 22-24위로 조사되었다. 실제로 내가 느끼는 한국과 미국 청소년의 스마트폰 사용과 게임 과몰입 실태도 크게 차이가 난다. 이는 청소년들이 일상을 어떻게 보내는가와 관련 있다고 본다. "다른 건 엄마가 다 해줄 테니 공부만 열심히 해라"라고 하지 않는가? 마치 우리 안에 갇힌 소처럼 성적만 잘 나오면 되고, 그 성적이 아이의 가치와 등급을 결정한다. 젖소에게 가장 좋은 사료를 주고 온 세상 항생제는 다 줘서 안 아프게 할 테니까 아무 생각하지 말고 사료만 잘 먹고 젖만 많이 내면 된다고 말하는 것과 같다.

아이는 부모가 시키는 대로 하고 싶지 않은 공부를 억지로 한다. 방과 후에는 학원 과외 등 쉴 틈 없이 책과 씨름한다. 그러다 잠시 쉬게 되면 아이가 "쉬면서 책 좀 읽을게요"라고 할까?

한번 생각해보자. 하루 종일 회사에서 일하고 완전히 연소되어서 집에 돌아온다. 집안일 다 끝내놓고 자유 시간이 주어지면 누워서 스마트폰 만지다가 자고 싶지 않은가? 그 시간에 일을 좀 더 하라고 한다면, 분노하지 않겠는가? 나도 교수라는, 공부를 많이 해야 하는 직업을 가지고 있어서 매일 하는 일이 다른 논문들을 읽고 강의를 준비하거나 내 논문을 쓰는 일이다. 그러면 그야말로 머리가 튀겨진 느낌이다. 특히 하루에 8시간 정도 내리 글을 읽고 쓴 날에는 아무 생각 없이 스마트폰만 보고 싶다.

아이들이 스마트폰에 붙어 있는 첫 번째 이유는 하루 종일 공부만 해서 완전히 연소되어서 그렇다. 두 번째 이유는 밖에 나가서 놀아본 적이 없고 우리에 갇혀 살아와서 그렇다. 안타깝게도 다른 흥미와 취미를 가질 겨를조차 주어지지 않았던 것이다. 어릴 때부터 많이 놀아보고 스포츠나 음악 등 취미 생활을 이어오고 있는 아이라면 스마트폰 외에도 할 일이 많다. 그런데 공부하는 것밖에 모르고 놀아본 적 없는 아이들은 쉬는 방법도 모른다. 스마트폰을 만지는 것밖에 재밌는 게 없다. 다른 걸 해본 적도 없고 할 여력도 없다.

"아이가 숙제도 안 하고 스마트폰을 몇 시간씩 만지고 있어요."

이렇게 걱정하는 부모가 많다. 그럼 아이가 스마트폰을 줄이고 뭘 했으면 좋겠는가? 공부? 이미 하루 종일 공부하고 온 아이한테 그게 통할 리 없다. 스마트폰을 덜 한다면 더 재미있는 것을 하고 놀거나 완전히 쉬어야 한다. 스마트폰을 보는 대신 공부를 더 하라고 한다면, 싸우게 되고 갈등이 생긴다. 아이가 사춘기에 접어들면 싸움이 더 거칠어진다. 이미 나버린 전쟁을 종식하는 것보다는 전쟁이 나지 않게 예방하는 게 낫다. 그 방법을 알려주고자 한다.

더 재미있는 것을
찾을 기회를 주어라

예방법은 간단하다. 어릴 때부터 많이 놀게 해주면 된다. 그러면 다른 활동을 더 좋아하게 되는 아이가 많다. 음악, 스포츠, 미술 등. 아이들은 다 예술가라는 말이 왜 나왔겠는가. 충분히 놀면서 예체능 같은 다른 활동에 조예가 깊어진 아이들은, 게임에만 과몰입하는 경우가 드물다. 다른 활동이 더 즐겁기 때문이다.

사실 미국만 해도 한국 아이들만큼 게임에 매달려 있지 않다. 어린아이뿐 아니라 중고등학생들도 농구, 축구, 야구 팀 친구들과 연습하러 나가고, 친구들과 어울려 쇼핑몰에서 놀거나 영화를 보러 가느라 집에서 게임만 하고 있을 시간이 별로 없다. 그렇게 놀고 쉬는 것이 더 재미있기 때문이다. 그런데 우리 아이들은 어떤가. 매일 하루 종일 학원만 다니다 집에 온 아이는 머릿속이 하얗게 탔다. 그래서 와서 아무 생각 없이 게임만 하고 싶다. 게임을 하면서 머리를 식히는 것이다. 공부 외에는 아무것도 못하는 환경을 만들어주고는, 이제 와서 게임 말고 다른 걸 하라고 하면 아이들로서는 당황스러울 뿐이다.

물론 미국 아이들도 게임을 한다. 그런데 게임을 좀 하다가도 밖에 나간다. 같이 농구하기로 한 시간이 되었으니까. 그게 더 재미있으니까. 왜냐? 어릴 때부터 했기 때문이다. 그러므로 아이가 아직 어리다면 하루라도 빨리 아이를 마음껏 놀게 해주면 게임과 스마트폰 과몰입을 예방할 수 있다. 아이들에게 예체능을 가르치고 자연을 경험하게 해주기를 권한다.

"자연에 데려가봤는데 안 좋아해요. 거기서도 스마트폰만 해요."

이렇게 말하는 부모도 있다. 그러나 어릴 때부터 공원이나 산, 캠핑 등을 자주 가본 아이들은 대부분 가족과 이렇게 시간을 보내는 것을 즐긴다. 요즘 음악을 좋아하는 아이도 많다. 랩을 하거나 작곡을 하는 것도 예전보다 쉬워져서 취미로 삼을 수 있다. 운동은 당연히 좋다. 아이가 관심 있으면 운동은 무조건 하도록 도와주는 게 좋다. 아이들은 만들기나 실험하기도 좋아한다. 요즘에는 유튜브로 돈을 안 들이고도 배울 수 있다. 요리를 좋아하는 아이도 있다. '엄마는 떡을 썰 테니 너는 글을 써라'가 아니라 같이 떡을 썰어야 한다.

유튜브를 하고 싶어 하는 아이도 많다. 그렇다고 다 커서 유튜버가 되는 것도 아니다. 아이들은 계속 발달하고 변하기 때문이다. 그저 내가 재미있는 걸 배워보고 해보는 것은 호기심을 넓히고 학습으로 확장하는 데 큰 도움이 된다. 한번 해봐서 재미있으면 계속할 수도 있고 재미없으면 다른 걸 찾으면 된다. 너무 무겁게 생각할 필요는 없다. 그리고 아이가 뭔가에 관심을 가진다고 해서 과하게 투자할 필요도 없다. 유튜브를 하고 싶어 한다고 비싼 장비를 사줬는데 아이가 금방 싫증을 낸다. 그러면 "너는 뭐 꾸준히 하는 게 없냐?"라고 하는 부모가 있다. 하지만 아이들은 다 그렇다. 이것저것 경험해보고 시시각각 관심사가 변하는 게 정상이다. 그러니 그냥 스마트폰 카메라와 비싸지 않은 삼각대로 시작하면 된다.

물론 어떤 아이는 게임에 잠재력이 있어서 프로게이머가 될 수도 있다. 프로게이머가 되고 싶은 아이들은 게임을 진짜 좋아하는 것이다. 좋아하는 게 없거나 쉴 대안이 없는 아이와 그게 진짜 좋아서 하는 아이는 구분할 수 있다. 구분법 역시 놀게 해주는 것이다. 마음껏 놀면서 다른 관심사를 찾는 아이가 생각보다 많을 것이다. 어릴 때부터 늘 마음껏 놀게 해줬는데도 게임을 더 좋아하고 잘한다면 게임에 깊은 흥미와 재능이 있는 것이라 하겠다.

방임이 아닌
방목을 하라

결국 부모가 아이를 키우는 가장 좋은 방법은 바로 '방목'하는 것이다. 한번 상상해보자. 벌판에 소가 한 마리 있다. 산들바람이 불고 구름이 떠 있다. 소가 여유롭게 풀을 뜯어 먹다가 저 풀이 맛있어 보이면 슬금슬금 걸어가서 저쪽 풀도 먹는다. 소를 우리에 가둬두고 먹이를 주는 것이 아니라 이렇게 키우는 것을 방목이라고 한다.

　　방목은 방임과 다르다. 방임은 거두어주지 않고 그냥 버려두는 것이다. 그러면 소가 초췌해질 것이다. 방목은 울타리는 있다. 어느 정도 이상은 가면 안 된다. 그럼 아이를 방목하는 것은 어떻게 하는 것인가? 안전을 제공하면서, 그러나 그 안에서 자유를 주는 것이다. 이때 안전 제공이란 신체적, 정신적으로 안정된 상황을 말한다. 또한 울타리는 가치와 마음자세라는 큰 틀이다. '이것만은 제대로 해야 한다, 신뢰감 있게 해야 한다, 네가 맡은 일은 책임지고 성실하게 해야 한다, 가족구성원으로 기여하면서 살아야 한다, 다른 사람들한테 피해주지 말고 배려해야 한다….' 이런 게 바로 울타리다. 이 울타리 안에서라면 자유롭게 지내도록 해주는 것이다.

"방목했더니 진짜 아무것도 안 해요."

그러면 나는 이 부모가 아이가 아주 어렸을 때부터 어떻게 지도했을지 궁금하다. 어릴 때부터 안전과 가치라는 울타리 안에서 방목했는가? 자신이 가고 싶은 데를 찾아가서 풀을 뜯어 먹어본 아이는 관심과 흥미 거리를 가지고 있다. 정말 궁금한 것이 없고, 재미있는 것이 하나도 없는 아이는 매우 드물다.

"우리 아이는 관심이나 흥미 거리가 아무것도 없는 것 같아요."

아이가 저기로 가려고 하는데 "저 풀은 아니야. 이리 와"라고 하는 부모 아래에서 자랐다면 아이는 자신이 좋아하는 것을 찾는 촉과 의지가 점점 약해졌을 것이다. 그래서 방목하라고 말하는 것이다. 가능성을 활짝 열어놓고 키워야 한다. 아이가 십 대가 되었을 때 스마트폰이나 게임과 경쟁할 수 있는 것은 공부가 아니라 놀이(취미, 흥미)다. 그래서 어릴 때부터 아이가 흥미를 갖고 재미있어하는 것을 지지해줘야 한다. 그것을 찾고 발전시킨 아이는 스마트폰이나 게임에 많은 시간을 투자할 틈이 없다.

아이 눈이 반짝반짝해지는 걸 찾아야 한다. 사교육비로 차라리 아이들과 여행 가고 같이 운동하고 음악 듣는 게 미래를 위해서는 더 나은 교육이라고 본다. 어떤 놀이든 나쁜 것이 아니라면 다 괜찮다. 교육적인 놀이만 시키겠다고 생각하지 말기를 바란다. 어떤 놀이를 통해서든 아이들은 배우고 성장하는 바가 있다. 여러 방면의 지능이 발달하고 앞서 설명한 4C가 발달한다. 어릴 때부터 놀이를 통해 취미와 흥미를 기른 아이들은 공부에 지쳐도 취미를 통해 머리를 식히고 스트레스를 해소할 줄 안다. 다른 것은 아무것도 하지 않고 한눈 팔지 말고 공부만 해야 많은 것을 이룬다는 메시지는 옳지 않다.

아인슈타인의 바이올린 실력은 전문가 못지않았다고 한다. 슈바이처 박사는 어릴 때부터 오르간을 연주했다. 취미 활동을 열심히 하는 사람들의 성공 스토리는 자주 볼 수 있다. 자신이 좋아하는 분야에서 성취해본 자신감과 경험을 다른 분야에도 적용하고 응용할 수 있기 때문이다. 그러니 놀이, 취미, 흥미가 공부를 방해한다고 생각하지 말고, 아이를 큰 울타리 안에서 마음껏 놀게 하는 방목 요법을 꼭 실천해보자. 스마트폰 과몰입이 상당 부분 예방될 것이다.

자기인식을 통해
자기조절력 키우기

하지만 이미 늦었다면 어떡해야 할까? 예방할 시기를 이미 놓친 부모도 많을 것이다. 아이가 청소년이 되면 더 이상 부모의 절대적 통제는 적절한 훈육 방법이 아니다. 아이를 통제하려고 하면 오히려 역효과가 난다. 갈등만 생기고 문제는 해결되지 않는다. 부모가 통제하려 할 게 아니라 자기조절력을 키워줘야 한다. 앞에서도 말했듯이 자기조절을 잘하려면 먼저 자기인식이 되어야 한다. 아무 생각 없이 게임을 하다 보면 시간이 막 간다. 우리 부모도 드라마나 유튜브를 아무 생각 없이 보면 시간이 훌쩍 지나가지 않는가. 똑같은 것이다. 그러므로 아이 스스로 자각할 수 있게 도와줘야 한다.

예를 들어 "너는 게임을 하루에 어느 정도 하는 게 맞는 것 같아?"라고 물어보라. 그리고 아이가 타이머를 스스로 이용할 수 있게 준비해주어라. 이제는 스스로 조절하도록 돕는 것이 목적이다. "너 2시간만 하고 여기 와서 3시간 공부해"라고 해봤자 소용없다. 꼭 영향을 주고 싶다면, 오히려 "2시간 하고 나서 우리 호수에 낚시하러 가는 거 어때? 새로 나온 영화 보러 가자"라고 하는 게 낫다.

때를 놓치고 힘들어하는 부모들을 위해 하숙생 요법을 제안하고 싶다(OT 요법의 청소년 버전이다). 우선 아이를 부모가 통제해야 한다거나 아이가 내 말을 들어야 한다고 생각하면 안 된다. 그러다가 아이와의 관계를 망치고 아이는 문제 행동을 보이기 시작해서 두고두고 후회하는 부모들을 많이 보았다. 자기조절력을 기르도록 도와주겠다고 생각해야 한다. 아이가 부모 말을 듣게 만드는 게 양육의 목적이 아니라는 것은 누누이 언급했다.

소아정신과에도 이런 부모가 많이 찾아온다.

"애가 내 말을 너무 안 들어요."

하지만 아이들은 원래 말을 안 듣는다. 그리고 왜 어떤 사람이 다른 사람 말을 계속 들어야 하는가? 아무리 부모와 자식 간이라도 서로 다른 사람이 아닌가. 청소년의 경우는 더하다. 부모는 아이의 능력이 아직 발달하는 중이니 잘 발달할 수 있도록 도와주겠다고 생각해야 한다. 아이 스스로 잘해내도록 어떻게 도와줄 것인가를 고민해야 한다. 즉, "어떻게 하면 내 말을 듣게 할 것인가?"에서 "어떻게 하면 아이가 좋은 선택을 하도록 도와줄 것인가?"로 질문을 바꾸어야 한다. 명령과 복종은 가르침이 아니다. 만약 우리가 반려동물을 기른다면 명령과 복종이 중요한 가르침일 것이다. 왜냐하면 반려동물은 궁극적으로 자립시키기 위해 기르는 것이 아니기 때문이다.

'아이가 게임을 3시간 하는데 어떻게 2시간 하게 만들지? 무슨 벌이나 상을 줘야 하지?'라고 생각하는 부모가 많다. 앞서 설명한 외적 동기를 기억할 것이다. 외적 동기로 아이를 통제할 궁리만 하기보다는 아이가 스스로 더 건강하게 게임할 수 있는 자기조절력을 갖도록 도와줘야 한다.

"그런다고 아이가 스스로 조절을 하나요?"

많은 부모가 미심쩍어한다. 그렇다면 아이를 통제한다고 문제가 해결되었는가? 부모 눈을 속여서 어떻게든 하지 않던가. 아이와 싸우게 되고 아이가 자랄수록 반항하지 않던가. 아이가 아주 어릴 때 어느 정도 통제는 필요하다. OT 요법을 활용해 아이와 함께 규칙을 정하고 지키도록 지도하는 건 좋다. 그런데 청소년이 되면 방법을 바꿔야 한다. OT 요법과 비슷하긴 하지만 '하숙생 요법'을 추천한다.

청소년 자녀와 소통하는
하숙생 요법

청소년이 되면 아이를 독립적인 개체로 존중해줘야 한다. 나는 청소년 자녀는 하숙생처럼 대하라고 한다. 아이에게 말하고 싶은 것이 있을 때, 만약 하숙생이었다면 어떻게 말했을지 생각해보는 것이다. "요즘 네가 잠을 너무 늦게까지 안 자는 것 같아서 엄마가 조금 걱정된다"라고 아이한테 말해볼 수 있다. 하숙생한테 할 수 있는 말은 제한된다. 우려를 표현하고 그것을 조금 더 건강하게 할 방법은 없을지 문제를 제기한 다음 함께 해결할 방법을 찾아봐야 한다. 이게 바로 하숙생 요법이다.

아이가 별생각이 없을 수도 있다. 그래도 부모의 생각을 일방적으로 주입하는 것은 권하지 않는다. 예를 들어 아이가 너무 늦게 잔다고 부모는 생각하지만 아이는 "내가 잠을 너무 늦게 자는 건 아닌 거 같아" 아니면 "아니야. 나 그래도 12시에는 자"라고 말할 수 있다. 그러면 너무 늦게 자는 게 건강에 좋지 않다고 말하는 것은 괜찮지만 밤마다 "너 안 자니?"라고 단속하는 건 안 좋다. 하숙생한테 그러는 사람이 어디 있는가. 그렇게 한다고 해서 청소년인 아이가 말을 듣지도 않을 것이다.

그러니까 기회를 봐서 하숙생이 기분 좋을 때 이야기를 해보자.

"하숙생, 우리 집 사람들이 다 11시면 자는데, 학생 방에서 계속 소음이 난다고들 하네. 어떻게 생각해?"

"우리집 아침 시간은 7시야. 모두 그 시간에 같이 먹으니 학생도 맞춰주면 좋겠어."

그럼 아이가 "나도 조금 일찍 자고 일찍 일어나도록 해볼게요"라고 말하면 고마운 거다. 부모가 강압적으로 한다고 해결되는 일도 아니다. 이게 '되냐, 안 되냐'보다 아이가 조절하는 능력을 스스로 기를 수 있게 도와준다는 시점으로 접근해야 한다.

자기조절의 첫 단계는 자기인식이다. 앞서 타이머를 활용하는 법을 추천했다. 청소년기가 되면 부모가 타이머를 돌리는 게 아니라 아이 자신이 돌려야 한다. 부모는 타이머를 사줄 수는 있지만 그것을 활용하는 건 아이 자신이다. 아이 스스로 생각하게 해야 한다.

"네가 요즘 게임을 몇 시간 정도 하는 것 같아?"

"그 정도면 건강한 것 같아?"

아이가 조금 줄여야 할 것 같다고 대답한다면 스스로 조절할 수 있게 타이머도 주고 도와주는 것이다. OT처럼 한번 설명해주고는 또 지켜봐야 한다. 아이가 조절하는 능력을 키우도록 도와주면서 기다리는 것이다. 여기서 아주 아주 조심해야 하는 게 있다.

"너는 그렇게 한다 그러더니 또 안 되니? 맨날 말만 하고 내가 그럴 줄 알았다."

이렇게 아이를 비난하면 대립 양상이 된다. 우리가 점점 더 스마트폰이나 태블릿 같은 디바이스를 많이 쓸 수밖에 없기 때문에 그런 것을 사용하는 게 무조건 나쁘다고 보기보다는 스스로 조절해서 건강하게 쓰는 걸 가르쳐준다고 생각해야 한다. 또한 몸을 움직이는 운동이나 활동을 병행해서 균형을 잡아줘야 한다.

많은 부모가 스마트폰을 하루 몇 시간 하는 게 좋으냐고 물어오지만 여기에는 정립된 답이 없다. 앞에서 말한 기본 원칙(밥 짓기 요법)을 잘하고 있다면, 사실 이런 부분에 꼭 하나의 정답이 있는 건 아니다. 몇 시간으로 정하면 아이가 건강하고 그보다 많으면 아이를 망친다는 기준이 밝혀진 것은 없다. 다만 WHO는 만 1세(미국소아과협회에서는 18개월 미만) 아래로는 스마트 기기를 보여주지 말고 만 5세 미만의 나이에는 한 시간 미만으로 유지하기를 권장한다. 어린 나이에는 스마트 기기에 너무 많은 시간을 쓰면 한 영역에만 자극을 주어 고른 뇌 발달을 저해할 수 있다.

또한 이 문제는 부모의 철학이나 가치에 따라 해법이 매우 달라진다. 부모가 제공하는 환경에 따라서도 많이 다르다. 나는 원래 TV를 거의 보지 않는다. 그래서 아마 아이가 있었다 해도 아이가 TV를 볼 기회가 거의 없었을 것이다. 그리고 나는 책을 많이 손에 들고 있는 편이고 오디오북도 듣고 이북도 많이 본다. 그러니 자연적으로 아이도 책을 많이 접하게 되었을 것 같다. 부모가 TV를 늘 틀어두고, 주로 스마트폰으로 쇼핑하거나 유튜브를 보며 시간을 보내면서, 아이에게 TV나 폰 보는 시간을 제한하라고 하면, 그만한 모순이 어디 있겠는가.

어린아이의 경우 필요 시 제공하는 환경을 제한할 수 있고, 아이가 5세 정도 되면 의논해서 스스로 조절하는 걸 가르치고 도와주도록 한다고 보면 된다. "네가 이러 이러한 능력을 기르는 걸 내가 어떻게 도와줄까? 어떻게 우리가 환경을 만들어볼까? 같이 의논해볼까?" 하는 자세로 다가가야 한다.

청소년기가 되어 습관을 바꾸는 것이 물론 어렵다는 걸 안다. 청소년기는 이제껏 어떻게 육아했는지가 서서히 드러나는 시기이기에 이때 뭔가를 바로잡는 건 쉬운 일이 아니다. 하지만 청소년 자녀를 통제하는 것도 어차피 어렵지 않은가. 효과가 없을뿐더러, 관계와 갈등만 악화된다. 그나마 이렇게 하숙생 요법을 하면서 의논하고 스스로 조절하도록 도와주는 게 아이를 위해서도, 아이와의 관계를 위해서도 더 낫다. 아이를 하숙생처럼 존중해주어라.

부모 연습 게임과 스마트폰 과몰입 예방하기

게임과 스마트폰 과몰입을 예방해줄 수 있는 것들을 찾아보자. 아이가 어떤 것을 더 재미있어하고 즐거워하는지 파악해보자.

Q 아이는 무엇에 흥미를 느끼는가?

Q 아이의 취미를 적어보자.

자기조절력을

:
:
:

키워주자

스스로 조절력을 느껴야
안정된다

아이들이 게임이나 스마트폰 외에도 여러 가지에 빠져들 수 있다. 우리 주변에는 아이들을 유혹할 것들이 너무나도 많다. 그런데 부모가 아이를 매일 따라다니며 지켜줄 수는 없는 노릇이다. 결국은 아이 스스로 판단하고 조절하는 능력을 키워야 한다.

잠시 다른 이야기를 해보자. 의학에서는 환자가 크게 고통을 느낄 때 마약성 진통제를 쓰기도 한다. 수술하고 나면 통증을 견디기 어려우니 마약성 진통제를 주는데, 중독성이 있으므로 양을 조절하는 것이 중요하다. 그리고 환자가 과한 용량을 맞지 않도록 4시간에 한 번 등으로 빈도를 제한해 용량을 나눠서 준다. 그런데 사람마다 필요한 진통제의 양에 조금씩 차이가 난다. 진통제가 좀 더 잘 듣는 사람이 있고 잘 안 듣는 사람이 있기 때문이다. 진통제 효과가 빨리 떨어진 환자는 이런 제한 때문에 더 받기가 어려워 고통을 견뎌내야 할 수도 있다.

그래서 환자가 아플 때 스스로 진통제를 놓을 수 있도록 PCA(Patient Controlled Analgesia, 자가조절진통)라는 기계를 사용하기도 한다. 다만 용량은 정해져 있다. 언뜻 생각하면, 자유롭게 진통제를 맞게 하면 환자들이 진통제를 더 많이 맞을 것 같지 않은가? 그런데 의외로 그렇지 않다. 의료진의 통제를 받을 때는 환자들이 시간이 지나서 진통제를 맞을 수 있을 때까지 괴롭게 기다린다. 두려움이 있는 정서 상태에서는 마음이 편할 때보다 통증이 더 크게 느껴지는 것이 사실이다. 진통제를 받을 시간이 되면 조금이라도 더 받으려고 노력하고, 혹시나 시간 되기 전에 약 기운이 떨어질까 두려워 계속 약을 더 찾는 행동을 보이게 된다. 남에게 철저히 통제됐을 때 오히려 진통제를 더 갈구하고 집착하게 되는 것이다.

반면 "당신이 아플 때 스스로 누르시오"라고 하고 기계를 주면, 결과적으로 이 환자가 완전히 나을 때까지 쓰는 진통제의 용량이 더 적어진다. 왜냐하면 이 사람은 좀 아파도 더 아프면 언제든지 진통제를 맞을 수 있으니 별로 불안하지도 않고 그렇게 갈급하지도 않기 때문이다. 약을 받지 못해 고통에 시달릴 일이 없다는 것에 안심이 되어 고통의 크기도 작아지는 효과가 있다.

이렇듯 본인에게 통제력과 조절을 주면 그것이 안정감을 줄 뿐만 아니라, 자신이 받은 통제력을 잘 써야겠다는 책임감이 생긴다. 이것이 바로 내적 동기다. 아이한테도 마찬가지다.

"네가 스스로 조금 조절을 해봤으면 좋겠어. 이제 열다섯 살이나 되었는데 이 부분은 엄마가 이래라저래라 하는 것보다 스스로 하는 게 맞다고 생각해. 나는 네가 스스로 그 능력을 네가 기를 수 있다고 생각하고, 그래서 너의 자율성을 존중해주고 싶어."

이렇게 이야기하면서 가끔 "어떻게 돼가니?"라고 물어보는 정도로 충분하다. 아이에게 스스로 통제할 권한을 준다는 걸 너무 두려워하지 말았으면 좋겠다. 물론 부모가 기대하는 정도로 완벽하게 조절하지는 못할 것이다. 그렇지만 스마트폰, 게임 과몰입 증상이 있었던 청소년들도 1년 후에 조사하면 호전된 경우가 많았다는 한 연구결과도 있다. 그러니 지금 현상이 염려되더라도 조금 믿고 기다려주는 것은 어떨까? 절제력을 스스로 훈련하며 익히는 과정을 거치며 절제력도 발달한다.

아이가 아직은 스스로 통제하지 못할 수도 있다. 밥 짓기 요법을 기억하는가? 아이가 쌀이라면 물이 사랑과 보호라고 했다. 아이가 아기일 때는 너무 연약하기 때문에 한껏 보호해야 하지만 점점 성장할수록 자립심이 커진다. 그때는 보호에서 지지로 넘어가야 한다. 부모가 너무 아이를 보호하려고 하는 게 아니라 사랑과 지지를 보내주어야 한다.

지지해주라고 하면 아이가 잘못하고 있는데도 "잘하고 있어"라고 말해야 하는 걸로 착각하는 경우가 있는데 그건 아니다. "쉽지 않다는 걸 알아. 엄마도 마찬가지야. 그렇지만 자기조절력이 있는 게 더 성숙한 거고 그런 사람이 더 좋은 삶을 살아갈 수 있거든. 그래도 노력하고 있으니까 점점 더 쉬워질 거야"라고 하는 게 바로 지지의 말이다.

부모는 자기조절력을
갖고 있는가

사실 자기조절력을 키워주는 데는 부모가 먼저 그런 모습을 보여주는 것이 매우 효과적이다. 부모가 둘 다 늘 스마트폰만 보고 있으면서 "너는 하지 마라"고 해서 될 리가 없다. 부모가 할 일을 안 하면서 "너는 네 책임을 다해라"라고 해봤자 안 된다. 그러니까 부모도 자기조절력을 보여줘야 한다. 그러면 아이는 자연스럽게 배운다.

나도 해야 하는 일이 여러 가지 있지만 하기 어려울 때가 있다. 그래도 책임감으로 해내는 경우가 많다. 지금 조카랑 같이 지내고 있는데 그런 모습을 보고 조카가 말한다.

"이모, 그러면 그거 내일 해요."

그럼 내가 이렇게 말한다.

"그런데 나를 기다리고 있는 사람들이 있어. 그러니까 그 사람들을 위해서 지금 이건 마쳐야 해."

그러면 아이는 '나의 책임을 위해 자신이 좀 힘들어도 그것을 조절할 줄 알아야 하는구나' 하는 것을 그냥 배운다. 굳이 말로 하지 않아도 되는 것이다. 그러므로 아이를 잘 키우고 싶다면 자기를 한번 돌아봤으면 좋겠다. 나는 스마트폰을 얼마를 쓰나? 책을 얼마나 읽나? 나는 의미 있는 일을 하고 있나? 내가 중요하게 생각하는 가치는 어떤 것들이고, 나의 성품은 어떤가? 부모도 다 큰 게 아니다. 부모도 계속 성장하면 된다. 그 모습도 아이한테 영감을 준다.

'엄마가 저 나이에도 계속 배우고 노력하시는구나. 아빠가 자기의 부족함을 고치려고 이렇게 노력하시는구나.'

아이가 이렇게 성장했으면 하는 바람이 있다면, 내가 그렇게 성장하는 것을 보여주는 것이 가장 좋다. "엄마도 아빠도 이렇게 계속 배우고 성장하는 거야. 이렇게 연습하다 보면 좋아지는 거야"라고 이야기해주자. 스스로한테도 이야기하고 아이에게도 이야기해주자.

자기조절력
기르기의 기본

아이한테 자기조절력을 길러주지 않으면 아이도 힘들고 부모도 고생한다. 어른들 중에도 자기조절력이 약한 사람은 마치 아이와 같다. 자기조절력이 성장해야 정말 어른으로 성장하는 것이다. 자기조절력을 기르는 데 영향을 주는 몇 가지가 있다. 밥 짓기 요법의 물, 즉 따뜻한 사랑을 충분히 받은 아이일수록 자기조절력이 빨리 큰다. 조건 없는 사랑, 절대적 존재 가치의 메시지가 이처럼 중요하다.

부모의 반응도 중요하다. 특히 아이가 힘들어할 때 부모가 반응을 해주어야 한다. 아이가 힘들다는 걸 알아주고 공감해주면 그것만으로 아이는 안정감을 느끼고 좋아진다. 아이 말을 다 들어주라는 것이 아니라 경청을 해주고 적절한 반응을 해주라는 것이다. 그러면 아이의 자기조절력이 더 잘 큰다.

그럼 이제 자기 조절력을 기르려면 어떤 능력을 길러줘야 하는지 살펴보자. 화가 나면 소리를 지르거나 뭘 던지는 사람이 있다. 그런 사람 중에 스스로 잘했다고 생각하는 사람은 없다. 그러고 나면 다 후회한다. 그렇게 하지 말았어야 한다는 걸 알고 다음에는 그러지 말자고 다짐도 한다. 그런데 화가 나면 다시 똑같이 한다. 왜 그럴까? 자기조절이 안 되기 때문이다.

이때 자기인식을 먼저 배워야 한다. '내가 화가 나려고 한다'는 걸 보통 인식을 안 하고 그냥 확 터져버리는데, 화가 나기 시작할 때를 인식해야 한다. '내가 좀 화나고 있다. 더 나고 있다. 여기서 더 나면 뚜껑 열리겠다' 하는 감이 있어야 한다. 그러면 화내는 상황을 피하기 위해 말을 돌린다든지 거기서 나와버린다든지 환기하러 간다든지 할 수 있다. 반면 자기인식을 못하면 화가 나는 줄 모르고 그냥 쭉 가서 확 터진다. 이처럼 자기인식이 중요하다.

아이들에게 자기인식을 어떻게 가르칠까? 자신의 감정을 아는 연습을 시켜야 한다. 처음에는 잘 모르니까 부모가 알려줘야 한다. "아 친구가 너의 장난감을 돌려주지 않고 오래 쓰고 있어서 네가 속상한가 보구나", "과자 먹고 싶은데, 아직 먹지 못하니까 화가 나는 거구나" 같이 아이의 감정 반응이 시작될 때 그것을 스스로 인식하도록 도와줄 수 있다.

그다음으로 문제해결력을 키워줘야 한다. 문제를 해결할 수 있으면 감정과 행동은 저절로 해결된다. 그래서 문제해결력이 좋은 아이들이 더 조절력이 있다. 그리고 문제가 해결될 수 있다는 걸 아는 아이들이 자신의 감정과 행동을 더 잘 조절할 수 있다. 문제 상황에 맞닥뜨렸을 때, "이것을 어떻게 해결할 수 있을까 같이 생각해보자"라고 모든 문제에는 항상 해결법이 있다는 것을 가르쳐주자.

자기조절력을 가르칠 때 또 하나 중요한 것은 타인의 관점을 고려하도록 훈련하는 것이다. 자기 생각만 하고 남 생각을 못 할 때 화가 자주 난다. 내가 장난감을 갖고 놀고 있는데 다른 아이가 가져가면 화가 난다. 그런데 '내가 너무 오래 갖고 있어서 다른 아이도 갖고 놀고 싶겠구나'라는 생각이 들면 화가 덜 난다. 역지사지(易地思之)다. 이런 것도 아이들이 스스로 바로 알아차리지 못할 수 있으니, "지영이가 집라인(zip line)을 계속 타고 있으니까, 친구는 기다리면서 어떤 생각이 들까. 화날 수도 있겠는데" 같이 남의 입장에서 생각하는 것을 도와줄 수 있다.

다음으로 결국 화가 났다면 진정하는 방법을 아는 것도 중요하다. 어른들도 마찬가지다. 화났을 때 소리를 질러버릴 것인가? 물건을 던질 것인가? 문을 쾅 닫을 것인가? 그게 아니라 화났을 때 스스로 진정하는 법을 터득하는 게 중요하다.

그럼 이런 것들을 아이에게 어떻게 가르칠 수 있을까? 이제부터 아이들에게 가르쳐줄 수 있는 몇 가지 이완 스킬(relaxation skills)을 알아보자.

[부모연습] 자기조절력 키우기

부모가 먼저 자기조절력을 보여주는 게 아이의 자기조절력을 키우는 데 효과적이다. 그러면서 아이에게 자기인식을 가르치고 문제해결력을 키워주자.

Q 아이에게 보여주고 싶은 자기조절하는 부모 자신의 모습을 적어보자. 나는 쉽게 화를 내는 사람인가? 내가 화가 나고 있다는 것을 인식하는가? 화가 났을 때 어떻게 진정하는가?

Q 아이가 자신의 감정을 인식하게 돕는 말을 생각해보자.

Q 아이가 맞닥뜨린 문제를 해결하게 돕고, 타인의 관점을 고려하도록 이야기해주자.

자기조절력을
기르는

:
:

실전
교육법

집 안에
평화의 장소를 만들어라

앞서 말했듯 자기조절력을 기르려면 먼저 자기인식을 가르쳐야 한다. 아이가 스스로의 감정을 알아차리지 못한다면 부모가 "네가 화가 났구나" "서운했구나" "슬프구나" 하고 알려준다. 부모가 아이 상태를 잘 살피고 말해줘서 자기인식을 올려줘야 한다.

두 번째는 아이가 요구하는 것이 있을 때 그것을 기다릴 줄 알도록 가르쳐야 한다. 이것은 매우 중요한 능력이지만 부단히 노력해야 하는 부분이므로 어릴 때부터 계속 연습하면 좋다. 예를 들어 아이가 과자를 달라고 하면 금방 밥 먹었으니까 과자는 15분 후에 먹는다거나 곧 밥을 먹을 거니까 과자는 밥 먹고 나서 먹는다거나, 이런 기다려야 하는 상황을 말해주는 것이다.

아이들에게 조금 힘들 수 있지만 짧은 시간에서 긴 시간까지 이런 훈련을 계속해보라. 예를 들면 "우리 그러면 5분 있다 먹자"라고 하고 5분 동안 타이머를 두고, 블록이나 그림 그리기 등 다른 걸 하며 놀도록 해주면서 주의를 돌린다. 그냥 가만히 기다리라 하면 아이들은 힘들기 때문이다. 이런 식으로 아이가 뭔가를 원할 때 당장 하는 게 아니라 기다리는 것을 훈련한다. 그러고 나서 반드시 칭찬해준다.

"과자 먹고 싶었는데 5분 동안이나 이 책을 보다가 지금 먹었

네. 많이 컸다. 잘했다."

아이가 못 기다리거나 화를 내면 다음처럼 반응한다.

"네가 지금 갖고 싶은데 못 가지니까 서운했구나. 화가 났구나. 그렇지만 우리 5분 있다가 하자. 기다리는 것이 쉽지 않지? 그래도 점점 연습하면 쉬워질 거야"라고 아이 감정을 인정해주고 아이에게 알려준다. 이런 과정을 반복하면서 아이는 성장한다.

마지막으로 화가 났을 때 스스로 진정하는 방법을 가르친다. 나는 어른들에게도 마인드 트레이닝의 기본으로 호흡을 가르친다. 아이들에게도 이것이 중요하다. 집 안에 평화의 장소(peace corner)를 만들기를 권한다. 어린아이이면 거실 한쪽이나 소파 옆에 만들기도 하고, 조금 더 큰 아이라면 아이 방에 만들어줘도 된다. 빈백 같은 것을 두어도 좋다. 요즘 많이 나오는 어린이용 의자나 실내용 놀이 텐트 같은 것도 좋다. 그리고 아이가 좋아하는 담요나 인형을 두면 좋다. 밤이라면 조명도 조금 잔잔하게 해주고 벽에 아이가 좋아하는 캐릭터를 붙여두어도 좋다. 핵심은 아이가 기분 좋아지는 장소를 만드는 것이다. 다만 너무 많은 물건을 두어 산만해지지 않게 주의하자. 그리고 아이한테 이렇게 이야기해준다.

"여기는 평화의 장소야. 네가 마음이 불편하거나 화나거나 짜증 날 때는 여기 와서 이런 것들을 보면서 마음을 진정시키는 거야."

그런데 막상 아이가 화가 나서 울고불고 하면 쉽지 않아 이것

역시 미리 연습해야 한다. 앞서 20초 허그와 감사하는 루틴을 소개했는데 이것을 평화의 장소에서 하면 좋다. 아침에 너무 바쁘다면 저녁에만이라도 루틴으로 만들자. 아이가 좋아하는 잔잔한 동요 또는 잠자리에서 듣는 노래를 틀어놓고 하면 더 좋다. 그러면 이 장소가 아이들에게 정말 좋고 위로가 되는 장소가 된다.

자기조절력을 기르는 호흡법

아이의 마음을 진정시키는 풍선 호흡과 무지개 호흡을 가르쳐보자.

우선 풍선 호흡은 두 손을 서로 깍지를 껴서 머리 위에 올린다. 그리고 넷을 셀 동안 코로 호흡을 마시면서 두 손을 점점 머리 위로 올려서 원을 크게 만든다. 풍선이 바람이 들어가 부풀듯이 말이다. 그리고 호흡을 입으로 내쉬면서 다시 손을 머리 위로 천천히 내리면서 원을 작게 만든다. 풍선에서 바람이 빠지는 것이다. 이때 입으로 "브르르르" 소리를 내면서 하면 아이들이 더 재밌게 느낀다. 아이와 함께 재미있게 해보라. "우리 풍선 하자. 누구 풍선이 제일 큰가 볼까?"라고 하면서 심호흡하는 것을 배울 수 있다. 심호흡을 하면 자율신경계 중 부교감 신경이 항진되어 몸이 이완되고 평안해지므로, 아이도 좀 편안해지는 걸 느낄 것이다.

── 풍선 호흡 ──

 다음으로 무지개 호흡도 몸의 큰 동작을 이용하는 것이다. 손을 좌우로 펼쳐서 '옆으로 나란히'를 한 다음 코로 숨을 들이쉬면서 하늘에 닿듯 머리 위로 들어 올린 다음 손바닥을 마주치며 호흡한다. 손을 다시 옆으로 내리면서 입으로 숨을 내쉰다. 아이들한테는 "손으로 무지개 그리는 거야. 무지개가 크게 올라갔다가 내려갔다가 하

무지개 호흡

는 거야"라고 재미있게 설명해준다.

이렇게 호흡을 하면 저절로 진정이 된다. 호흡을 천천히 하면 심호흡도 된다. 어른도 마찬가지인데 어른들에게는 '4-2-4' 호흡을 가르친다. 코로 숨을 들이마시면서 4번에 걸쳐 점점 호흡을 들이마셨다가 2초 멈췄다가 4번에 걸쳐 천천히 입으로 내쉬는 방법이다. 생명이 시작되면 호흡이 시작되고 숨이 끊어지면 생명도 끊어진다. 숨이라는 건 우리 생의 처음부터 끝까지 함께하는 것이다.

안 좋은 상황에서 사람은 자동적 사고로 인해 부정적인 생각을 하게 된다고 했다. 그럴 때는 자율신경계 중 교감신경이 항진되면서 숨이 가빠지고 동공이 커지면서 눈이 동그래지고 심장이 뛴다. 이때 호흡을 천천히 해주면 우리 머릿속에서는 부교감 신경이 항진된다. '위험하다, 죽을 것 같다'라고 느끼던 상황이었다가 호흡을 천천히 하며 진정하면 '그게 아닌가 봐'라고 몸에서 뇌로 신호가 가서 전환되는 것이다. 심장은 우리가 의지로 조절할 수 없지만 호흡은 조절할 수 있다. 그래서 호흡을 조절하여 자율신경계를 조절하는 것이다.

아이가 혼자 호흡을 잘 못 할 수 있다. 그러면 더 재미있게 비눗방울 불기를 하자. 비눗방울을 불면 저절로 심호흡이 되기 때문이다. 똑같은 방법으로 바람개비를 준비해두어도 된다.

"이렇게 호흡하면서 이렇게 몸을 편안하게 하는 거야. 어깨에 힘 빼고 얼굴 찌푸린 것도 피고, 턱에도 힘을 빼자. 네가 속상하거나 화가 나거나 마음이 안 좋을 때 여기 와서 이렇게 호흡하면 좋아. 엄마도 속상할 때 이렇게 호흡해."

이렇게 가르쳐주자. 풍선과 무지개를 아이가 상기할 수 있도록 그림을 붙여주면 좋다. "풍선 할까, 무지개 할까? (준비돼 있다면) 비눗방울이나 바람개비를 불어도 돼"라고 하면서 놀이처럼 반복적으로 연습하면 아이는 이 시간을 좋아한다. 부모도 자신의 스트레스나 긴장을 풀 수 있으니 좋다. 나도 스트레스를 받고 걱정이 될 때는 호흡을 하면서 마인드컨트롤을 한다. 어려운 환자를 만나는 날은 심장이 쪼이는 듯한 갑갑한 느낌을 받지만 호흡하면서 "나는 이 상황을 다룰 수 있어(I can handle it)"라고 스스로에게 말해주면서 마음을 가다듬는다. 그러면 정말 마음이 좀 편해진다. 어떤 아이든 호흡은 대체로 다 할 수 있다. 이것을 가르쳐놓으면 평생의 도구가 된다. 부모도 연습하고 아이한테도 가르친다면 가정이 좀 더 평안해질 것이다.

불안한 감정을 다루는 뜨거운 감자 요법

짜증, 억지, 생떼, 응석… 아이가 이럴 때마다 부모는 속이 탄다. 아이가 아주 어렸을 때는 반응을 해주고 공감해주는 게 무엇보다 중요하다. 그런데 아이가 좀 더 자라고 자기조절력을 키워주었다면 반응과 공감과 함께 한 가지가 더 필요하다.

아이마다 힘들어하는 부분이 있을 수 있다. 어떤 걸 굉장히 싫어한다거나 무서워한다거나 어떤 건 절대로 안 한다거나 뭔가를 꼭 이렇게 해달라고 떼를 쓸 수도 있다. 그걸 다 들어줄 수는 없는 노릇이다. 소아정신과에서 배운 중요한 개념이 있다. 아이들의 정서가 건강하게 잘 발달하려면 만족감(gratification)과 좌절감(frustration)을 둘 다 균형을 이루어 경험해야 한다는 것이다.

일단 좌절 없이 살아가는 것은 불가능하고, 좌절을 겪어보면서 다시 일어나는 것도 배우기 때문에 좌절감을 다루는 법을 배워야 한다. 부모라면 아이가 좌절하고 있을 때 그 좌절감을 즉각적으로 제거해주고 싶은 보호 본능을 느낀다. 그렇지만 매번 부모가 좌절감을 제거해주면 아이는 좌절감을 다루는 법을 배우지 못한다. 그래서 "네가 그거 먹고 싶은데 지금 못 먹어서 좀 속상하구나"라고 반응해주되 "그래도 5분 기다리는 거야"라고 해야 한다. 이때 아이는 좌절감을 느끼지만 그 좌절감을 스스로 다루는 법을 배우는 것이다.

나는 이것을 '뜨거운 감자 요법'이라고 부른다. 뜨거운 감자란 부담스러워서 다루기 싫고 피하려는 주제를 말한다. 즉 우리가 들고 있기 싫은 감정이나 상황을 뜨거운 감자라 할 수 있겠다. 그렇지만 아이의 뜨거운 감자를 다 치워버리기보다는 스스로 뜨거운 감자를 다룰 기회를 줄 필요가 있다. 예를 들어 아이가 장난감을 갖고 싶어서 떼쓰면서 운다고 생각해보자. 이때 장난감을 사줘서 힘든 상황을 제거해버리기보다는 그 뜨거운 감자, 즉 불편한 감정(갖고 싶은 것을 못 갖는 실망감, 서운한 감정)을 들고 견디도록 도와주는 것이다.

내 친구 자녀는 세 살 무렵 물이나 음료 종류를 무서워했다. 이 아이한테는 물이 뜨거운 감자인 것이다. 그럼 보통 "뭐 그런 걸 무서워하니?"라고 할 수 있는데 첫마디는 무조건 공감이어야 한다. "아, 네가 물을 싫어하지?"라고 해준다. 어떤 부모는 아이가 물을 싫어하면 물을 확 치워버린다. 그런데 평생 물을 피하고 살 순 없다. 이럴 때는 물을 바로 치워버리기보다는, 물이 보이기는 하지만 안전한 거리만큼 떨어진 자리에 놓는다. 부모가 몸으로 물을 좀 가려도 된다. 그러면서 "네가 물을 싫어하지? 물이 저기 좀 멀리 있어. 하지만 엄마가 옆에 있으니까 걱정 마. 지금은 힘들지만 점점 좋아질 거야"라고 이야기해준다. 아이는 "싫어. 치워줘"라고 하면서 마구 울 수 있다. 이럴 때는 아이 마음을 안정시키도록 도와주고 스스로 진정하도록 기다려줘야 한다. 보통 엄마가 안아주고 물이 좀 멀리 있고 하면 어느 정도 시간이 지나면 진정이 된다. 그럼 그때 아이가 배우는 게 있다. 자신이 할 수 있다는 것(I can handle it). 엄마가 그냥 물을 확 다 치워버린 게 아니고 물이 저기 있었다. 내가 죽을 만큼 싫었는데, 안 죽었다는 것을 알게 되는 것이다. 이런 경험을 반복하면서 아이는 점점 더 여러 가지 뜨거운 감자도 다룰 수 있게 된다.

　이 모든 과정에 제일 중요한 게 부모의 자세다. 아이가 힘들어하는데 부모까지 "아니 다른 애들은 다 괜찮은데, 왜 너만 이렇게 별나게 구니? 물이 무섭다는 게 말이 돼?"라고 흔히 반응할 수 있지만, 각각의 사람에게 뜨거운 감자는 다 다를 수 있다는 다양성을 보듬어 안아야 한다. 또 "어떻게 하면 좋아. 내가 너 때문에 어디를 못 가겠다"라고 하면 부모도 그 불편한 상황의 뜨거운 감자를 잘 다루지 못하는 것이다. 이럴 때 필요한 건 '참을 인(忍)'이다. 이때 호흡이 유용하다. 부모도 심호흡을 하면서 스스로 할 수 있다고, "이 상황을 내가 다룰 수 있다"라고 스스로에게 이야기해주자. 자신은 뜨거운 감자 앞에서 어찌할 바를 모르고 스스로 조절하지 못하면서 아이한테 자기조절력을 가르쳐주는 건 모순이다.

부모가 스스로 조절하는 모습을 보여주면 효과는 더욱 강력해진다. 아이가 땅바닥에 뒤집어지고 난리가 나도 엄마가 평정심을 유지하는 모습을 보여주면 '아, 저게 저렇게 하는 게 맞는구나'라고 아이도 깨닫게 된다. 쉽지 않은 과정이지만 계속 연습하고 '이 상황을 내가 잘 처리할 수 있다'라고 자기 자신에게 이야기하자.

아이들은 당장은 괜찮지 않아 보여도 대다수는 더 발달하면서 많이 괜찮아진다. 물론 개인차가 있어서 내 아이가 유난히 느리게 성숙하는 것처럼 느껴질 수도 있다. 그럼에도 아이들은 계속 성장한다. 그러니까 너무 당황하거나 불안해하지 말고 점점 성장하면서 나아질 거라고 생각하자. 아이에게도 "오늘 힘들었지? 그래도 엄마 따라가서 안전하게 행동해줘서 고맙다. 점점 좋아질 거야. 우리 계속 연습하자"라고 다독여주자. 지속적으로 아이를 가르치고 용기를 주고 스스로 아이의 좋은 모델이 되면 아이가 성숙할 날이 올 것이다. 좀 힘들더라도 인내심을 가지고 기본 원칙을 지키는 데 충실하자.

부모 연습 | 아이와 호흡하기

아이와 함께 자기조절력을 기르는 풍선 호흡과 무지개 호흡을 연습해보자. 아이가 싫어하는 감정이나 상황을 마주할 때 뜨거운 감자 요법을 응용해 이야기해줄 말을 생각해보자.

Q 아이와 함께 풍선 호흡을 해보고 어떠했는지 이야기 나눠보자.
- 부모:
- 아이:

Q 아이와 함께 무지개 호흡을 해보고 어떠했는지 이야기 나눠보자.
- 부모:
- 아이:

Q 아이가 싫어하는 상황과 이때 해줄 말을 적어보자.
(예시: 우리 지영이는 이 부분이 힘들구나. 엄마가 여기 있으니까 너무 걱정하지 마. 연습하면 점점 괜찮아질 거야.)

평생 가는
습관,

⋮

루틴을
만들어라

부모와 아이가 같이 지키는 루틴 만들기

가정에서 루틴과 리추얼의 중요성을 강조하고 싶다. 루틴에 대해서는 다들 잘 알 것이다. 아침에 일어나서 감사 요법을 하고 씻고 밥 먹고 학교에 간다. 매일 반복적으로 행하는 게 바로 루틴이다. 루틴을 만들어두면 부모에게나 아이에게나 좋다. 건강한 생활을 할 수 있기 때문이다.

우선 아이들과 의논해서 루틴을 정해보자. 앞서 설명한 것들을 적용해 이렇게 정할 수 있다.

아침 루틴	저녁 루틴
∗ 20초 허그 ∗ 감사 요법, 호흡 ∗ 아침 먹기 ∗ 이 닦기, 세수하기 ∗ 가방 챙기기 ∗ 머리 빗기 ∗ 옷 입기 ∗ 나가기	∗ 손 씻기 ∗ 숙제하기 ∗ 놀기 ∗ 저녁 먹기 ∗ 세수하기 ∗ 잠옷 입기 ∗ 감사 요법, 호흡 ∗ 책놀이 요법 ∗ 20초 허그 ∗ 굿나잇 키스

이렇게 루틴을 정해놓으면 아이들이 훨씬 잘 따라 한다. 아이가 좀 꾸물대는 경우가 많다. 이때는 타이머가 도움이 될 수 있다. 특히 아침에 부모는 바빠 죽겠는데 아이는 세월은 네월아 하기도 한다. 이런 경우 내가 아이를 쪼아서 어떻게 하겠다기보다는 아이가 스스로 하는 걸 부모가 도와준다고 생각해야 한다. 조력자의 자세를 유지하자.

아이가 루틴을 잘 따르지 못한다면 그림 카드를 이용하는 게 도움이 된다. 호흡하는 그림, 20초 허그하는 그림, 아침 먹는 그림, 이 닦는 그림 등을 카드에 그리고
루틴 카드 보기
순서대로 쭉 그린 다음 OT 요법을 할 때 가족회의에서 이 루틴을 이야기해준다.

이 OT는 한 번만 하는 게 아니라 여러 번 반복해야 아이 인식이 깊이 박힌다. 일주일에 한두 번은 루틴을 점검해주면 좋다. "우리 뭐가 잘되고 있지? 우리 요즘은 어떻지?"라고 점검해야 한다.

루틴을 그린 카드들을 잘 보이는 곳에 순서대로 붙여놓고 아이한테 물어보자. "이제 우리가 해야 할 게 뭐지?"라고 하면 아이가 카드를 보고 "20초 허그 시간이에요"라고 할 것이다. 그러면 같이 실행한다.

"그다음 시간은 뭐지?"

"이 닦는 시간, 아침 먹는 시간이에요."

이렇게 카드를 보며 스스로 상기하면서 루틴을 지키는 연습을

하는 것이다. 말로만 하는 것보다 아이들은 보는 게 중요하고 몸과 손으로 직접 하는 것을 좋아한다. 한 가지 루틴을 완료하면 동그라미를 표시하거나 카드를 떼서 어디 넣어두거나 뒤집어둔다거나, 그것을 마쳤다는 표시를 아이 스스로 하게끔 해주면 재미와 성취감을 느낀다.

아이가 잘했다면 칭찬을 해주고 좀 지연이 있어도 "이게 그렇게 쉽지는 않지? 우리 다시 한번 해볼까?"라고 북돋아주자. 인내심이 필요하다. 아이들은 아직 견디고 지속하는 능력이 부족하기 때문이다. 그러니까 그런 능력이 발달할 때까지 부모는 계속 도와줘야 한다. 윽박지르고 재촉한다고 없던 능력이 생기지 않는다.

저녁 루틴은 아침에 비해 좀 길 수 있으므로 두 개로 나눠도 된다. 저녁 루틴과 밤 루틴으로 나눌 수 있다. 저녁 루틴은 손 씻고 숙제하기, 놀기, 저녁 먹기 등으로 아이와 부모, 집안의 사정에 따라 적절히 정하면 된다. 밤 루틴도 세수하기, 잠옷으로 갈아입기, 책 놀이 요법, 감사 요법, 20초 허그 요법 등으로 정한다.

이렇게 루틴을 정해놓고 아이가 여기에 익숙해지면 이 시간을 기다리게 된다. 가정에 따라 아이가 스스로 하기를 기대하는 것들로 루틴을 만들어보자.

루틴에 의미가 더해지면 리추얼이 된다. 아침에 밥먹고 옷입기는 그저 루틴이라 하겠지만, 밤에 함께 조용한 음악을 틀어놓고 감사 요법하고, 20초 허그를 하고 책을 읽으면 이것은 서로 사랑과 관심의 시간을 보내는 리추얼이 될 수 있다.

특히 아이가 하기 싫어 하는 일이 있다면 그것을 루틴으로 만들되, 거기에 재미있거나 사랑이 담긴 과정을 넣어 리추얼을 만들면 더 수월하게 할 수 있다. 예를 들어, 등원하기 싫어하는 아이라면 '등원 리추얼'을 만드는 것이다. 문 앞에서 둘만의 특별한 허그를 하고 서로 정해진 인사말을 하는 것 등이 리추얼이 될 수 있다. 간혹 선생님들이 아이들과의 특별한 허그, 하이파이브, 특별한 악수법 등으로 등교하는 아이들을 맞는 영상을 보는데, 이런 것들이 리추얼이라고 할 수 있다. 이렇게 단순한 일과일 수 있는 루틴에 의미가 있는 것을 더하면 아이가 훨씬 재미있고 행복하게 따를 수 있다.

루틴과 리추얼은 아이들뿐만 아니라 어른들의 삶에도 많은 도움이 된다. 예를 들면 나는 거의 매일 수영을 하려고 하는데, 아침에 일어나 귀찮게 느껴질 때도 많다. 그렇기에 나는 수영을 하고 나면, 플로터 위에서 한 15분 둥둥 떠 있는다. 이 시간이 나에게는 매우 평화로운 시간으로, 여러 가지에 감사하면서 그 시간을 보낸다. 그래서 수영은 나에게 루틴이기도 하지만 기다려지는 리추얼이기도 하다.

부모도 싫은 일이 있다. 아이와 함께 루틴과 리추얼을 만들어보자. 하루하루가 더 행복해질 것이다.

자유로운 가정에도
루틴은 필요하다

부모가 자유로운 성향이라면 루틴이나 규칙 같은 건 필요 없다고 생각할 수 있다. 실제로 그런 가정을 본 적도 있다. 물론 밥 짓기 요법을 잘하고 있다면 아마 그 집 아이는 그래도 잘 자랄 것이다.

그러나 어른이나 아이나 루틴이 좀 있어야 더 건강한 생활을 할 수 있다. 우리 어른들도 루틴 하나 없이 마음대로 하다 보면 피폐해지는 경우가 많다. 특히 수면 습관은 전반적인 정신 건강과 몸의 건강에 매우 중요한 부분이다. 낮에는 자유롭게 지내더라도 아침이나 저녁에만 루틴이 있으면 훨씬 건강하게 생활할 수 있다. 아이들이 백 년을 살 텐데 어릴 때부터 건강한 습관을 심어주면 평생 득이 된다. 아침을 어떻게 시작하고 밤에 하루를 어떻게 마무리할 것인가에 대해 어느 정도의 규칙을 정해놓는 것은 건강한 것이다.

루틴 이야기를 하면 공부 루틴을 알려달라는 부모가 꼭 있다. 이 부분은 적절히 아이와 상의해서 정해볼 수도 있다. 하지만 다시 한번 강조하고 싶다. 밥 짓기 요법만 잘하고 있다면 다른 구체적인 것은 부모가 일일이 과하게 개입하지 않아도 된다. 밥 짓기 요법을 잘했다는 것은 사랑의 메시지(조건 없는 사랑, 절대적 존재 가치)를 잘 주고, 살아가는 데 기본이 되는 가치와 마음자세를 잘 가르쳤다는 뜻이다. 거기서 신뢰감과 책임감, 기여와 배려를 배운다. 그러므로 아이는 자기가 해야 할 일은 성실히 해야 한다는 개념이 강해진다.

부모가 모범을 보이고 루틴도 가르쳤다면 공부하라고 잔소리를 하지 않아도 자신의 책임은 다하는 것을 배운다. 여기서 내가 말하는 아이들의 공부 책임은 학교에 가고, 학교의 숙제를 완수하는 정도다.

어릴 때 자유롭게 많이 놀게 했으면 관심과 흥미 거리를 넓혀서 알고 싶은 것도 생겼을 것이다. 그러면 아이는 자신의 흥미를 따라 스스로 공부하게 된다. 여러 번 강조했지만 기본을 잘해두면 아이들은 스스로 자란다. 기본이 허술한데 공부만 억지로 시키는 것은 장기적으로 건강한 양육방식이 아니다.

부모 연습 함께 루틴 만들기

부모와 아이가 같이 참여하는 루틴을 한번 만들어보자.

Q 아침 루틴을 작성해보자.

Q 저녁 루틴을 작성해보자.

Part 4

Essential Parenting

아이한테
곧바로 흡수되는
부모의
마음자세

아이
하나하나가

⋮

다르고
특별하다

아이들은 다
다른 것이 당연하다

아이가 건강하고 아무 문제 없이 순탄하게 자라기를 바라는 게 부모의 진짜 희망이다. 특히 건강은 너무나 중요하다. 그런데 내가 의사로서 말할 수 있는 건, 어떠한 취약점을 가진 아이가 많다는 사실이다. 마음이나 정신 발달에 취약점을 가진 아이도 많고 신체적으로 천식, 아토피, 어린이 당뇨 등으로 고통받는 아이도 많다. 앞서 말했듯 나도 ADHD가 있고 지병도 있다.

이 이야기를 하는 이유는 사람이 아프기도 하고 어느 정도의 취약점이 있다는 것을 좀 더 자연스럽게 받아들였으면 좋겠다는 마음에서다. 물론 우리 아이가 다 건강했으면 좋겠지만 어떤 취약점이 있다는 것은 어찌 보면 당연한 거라고 생각했으면 좋겠다. 누구나 약점은 있다. 정도의 차이가 있을 뿐이다.

신경다양성(neurodiversity)이라는 말이 있다. 세상에 물고기도 있고 원숭이도 있고 호랑이도 있는 게 다양성이라면 신경다양성은 뇌에도 다양성이 있다는 걸 뜻한다. 쉽게 말해 우리 아이들의 뇌가 다 다르다는 뜻이다. 그러므로 아이는 다 '다르다'가 기본값이라는 걸 기억하자.

이런 다양성 존중의 정반대에 있는 생각이 아이들은 다 비슷한 성향이 있으므로 평균을 내어 비교한다는 개념이다. 아이들을 평균이라는 잣대로 재단하는 것, 그리고 "평균은 해야지. 반에서 중간은 해야지"라는 말은 이제 그만해야 한다. 아이들이 다 다른데 평균이 어디 있는가. 아이들을 성적으로 줄 세우면 평균이 있겠지만 이렇게 획일적인 잣대로 인간을 줄 세운다는 생각 자체가 옳지 않고, 이제는 없어져야 할 개념이다. 다양한 사람들 사이에서 평균은 의미가 없는 것이다.

중요한 것은 자기 삶을 잘 개척해가면서 "내 인생은 참 살 만해. 나의 미래는 희망적이야"라고 생각하는 아이를 길러야 한다는 것이다. "나는 평균 정도는 하고 있어"라고 생각하는 아이를 키우지 말자. 그런 아이는 자기보다 잘하는 아이들 앞에서는 꿀리는 열등감을, 그리고 자신보다 못하는 아이들 앞에서는 우쭐하는 우월감, 나아가 교만한 마음을 느낄 수 있다. 둘 다 건강하지 못하다. 그러니까 '평균'이라는 개념은 부모의 머릿속에서 아예 없애길 바란다. 그저 다르다는 것만 기억하면 비교할 일도 없어진다.

'사과와 오렌지 비교하기(Comparing apples and oranges)'라는 말이 있다. 사과와 오렌지를 비교해서 뭐가 더 낫고 뭐가 못한지 말할 수 있는가? 내가 뭘 더 좋아한다고는 말할 수 있지만 뭐가 더 나은지는 말할 수 없다. 즉 이 말은 비교할 수 없는 걸 비교한다는 뜻이다.

우리 아이들은 사과와 오렌지보다 더 많이 다르다. 거의 원숭이와 물고기를 비교하는 것과 같다. 그저 다르고 다양하기 때문에 비교할 수 없다.

다양성을 존중하지 않고 한 줄로 줄 세우면 열등감이 자란다. 여러분은 아이에게 열등감을 키워주는 부모가 되고 싶은가? 그런 부모는 아무도 없을 것이다. 그러니 우리 아이에게 어떤 취약점이 있더라도 '우리 애 이제 어떡하지? 인생을 어떻게 살아가지?'라며 너무 걱정한 나머지 아이의 장점과 강점을 간과하면 안 된다. 이런 아이들을 나는 오히려 '특별한 아이'라고 부른다. '틀리다'가 아니고 '다르다'는 것을 명심하길 바란다.

누구에게나
에러가 있다

재미있는 생물학 이야기를 해보겠다. 우리 몸 안에 DNA가 있다는 걸 다 알 것이다. 사다리를 꼬아놓은 것 같이 생긴 게 DNA고 그 사다리에 다리 하나하나가 염기서열(DNA base pairs)이다. 이 염기서열이 우리 몸 안에 30억 개가 있다. 생명이 하나 탄생하려면 엄마 염기서열 30억 개와 아빠 염기서열 30억 개, 다 합해서 30억 쌍을 계속 복제해야 한다. 이 복제를 컴퓨터나 기계로 하는 게 아니라 생명이 하는 것이다. 그러다 보니 당연히 에러가 생긴다. 그러므로 이렇게 생각하면 된다.

'누구에게나 다 에러가 있다.'

에러 없는 사람은 아무도 없다. 모두가 에러를 여기저기 가지고 있는데, 어떤 사람은 그 에러가 좀 표시 나는 데 있고 어떤 사람은 덜 표시 나는 데 있을 뿐이다. 그러니 우리 아이가 조금 특별하거나 다른 건 당연한 거다. '애는 왜 다르지?'라고 생각할 필요가 없다. 우리는 다 다른데 이 아이는 그 다른 게 조금 더 표시가 잘 나는 것이라고 생각하자.

그리고 우리 안에는 유전자가 3~4만 개 정도 있다. 사람은 얼굴 있고 팔다리 있고 이런 건 다 비슷하다. 이처럼 비슷한 부분이 있는 반면 다른 부분도 있다. 외모도 다 다르게 생겼고 재능도 다르다. 이처럼 에러 외에도 당연히 다른 변이 부분이 또 400~500만 개 있다. 그러니 우리는 다 다를 수밖에 없다. 부모도 다르고 가족 환경이나 교육 환경도 다르다. 종교적 환경이나 사회문화적인 환경도 다르다. 그러니까 더더욱 우리는 다 다른 사람이 되는 것이다.

이렇게 사람이 다 다른 게 당연한 것인데도 우리는 자주 잊게 된다. 우리 어른들도 같은 잣대에 따라 다른 사람과 비교당하면 기분이 나쁘지 않은가. 아이들도 마찬가지다. 다름을 이해하면 우리 아이가 드러내는 여러 가지 면에 더 여유롭고 너그러워질 것이다. 우리 아이 하나하나가 다 다르고 특별하다.

모든 걸 잘하기보다
강점에 집중하라

여기서 오해하지 않게 한 가지 짚고 넘어가고자 한다. 우리 아이가 조금 다른 것 같다, 다른 아이에 비해 발달이 조금 느린 것 같다면 일단 검사를 받아보는 것을 권한다. 검사는 꼭 진단을 받기 위해 하는 게 아니라 아이가 어떤 부분은 강점이고 어떤 부분은 약점이 있는지, 아이의 특성을 보는 것이다. 그러니까 너무 부담 갖지 말고 검사는 받아보는 게 좋다. 검사해보고 어떤 특성이 좀 많이 부족하다면 그 부분이 더 잘 발달하게 도와줄 수도 있다.

검사를 통해 아이의 강점과 취약점을 파악해보았다면, 그다음에는 아이의 강점에 집중하라고 말한다. 예를 들어 음악적 강점, 공간지각적 강점 같은 게 있을 수 있다. 그러면 '어떻게 강점을 더 살려줄 수 있을까?' 그리고 '약점은 어떻게 보완할까?'를 생각하면 된다.

ADHD가 아이들한테는 10% 정도, 어른들한테도 4~5% 정도 나타난다. 꽤 많다. 요즘 자폐 스펙트럼 장애도 1~2% 정도로 점점 많아지고 있다. 지적 장애도 1~3% 정도고 난독증은 어떻게 측정하느냐에 따라 다르지만 5~15%, 심지어 20% 정도라는 조사도 있다. 학습 장애도 10% 정도 된다. 우울이나 불안 있는 아이들을 합하면 10% 정도 된다.

이 숫자들을 보니 무슨 생각이 드는가? 남의 일이 아니라 우리 주위에 이런 아이들이 얼마든지 많다. 이런 아이들은 저마다 다양성을 가진 특별한 아이들이다. 그런데 자기 아이한테 이런 취약점이 발견되면 부모는 약점에 집중한다. 그러지 말고 강점에 집중해보라. 요즘은 이처럼 특별한 강점을 가지고 충분히 맞는 직업을 찾거나 직업을 아예 개발할 수도 있다. 오히려 특별한 강점이 득이 될 때도 있다. 우리가 흔히 말하는 장애라고 할 수 있고 결핍이라고도 할 수 있는 것을 가지고도 자기 것을 펼치는 사람이 아주 많아졌다.

세계적인 수영 선수 마이크 펠프스도 ADHD가 심했고 우울증도 있었다는 사실이 잘 알려져 있다. 그래서 약물치료, 상담치료도 받았다고 한다. 그런데 어떻게 성취를 이룰 수 있었을까? ADHD가 있는 사람들은 자기가 좋아하는 것에 꽂히면 몰입할 수도 있고 에너지가 많기 때문에 재능이 있다면 운동을 하는 것도 잘 맞기 때문이다. 이처럼 우리 아이가 어떤 취약점이 있다 하여도 장점을 잘 살리면서 잠재력을 펼칠 수 있다는 것을 기억하자.

특별한 아이를 대하는 부모의 자세

나는 발달장애 전문이기에 아이들을 보면서 이런 생각을 많이 한다.

미래에는 더 이상 장애가 걸림돌이 되지 않을 것이라는. 옛날에는 신체적 장애를 가지면 참 힘든 게 사실이었다. 그런데 요즘에는 기술의 발달로 못 걷는 사람이 걷게 되기도 한다. 옛날 같으면 휠체어를 탔어야 하는 사람이 지금은 뛰기도 한다(일례로 남아프리카공화국의 오스카 피스토리우스는 양쪽 다리에 의족을 낀 올림픽 달리기 선수였다). 예전에는 장애였던 게 기술력으로 인해서 이제는 장애가 안 되는 것이다.

여러 가지 발달상의 문제도 마찬가지다. 이제는 기술이 의사소통을 도와줄 수도 있다. 나도 ADHD 증상이 심해서 옛날에 태어 났으면 지금 이 자리에 없었을 수 있다. 요즘은 휴대폰 메모장, 알람, 컴퓨터 달력 등 여러 가지가 자동화되어 사람의 부족한 뇌를 보조해 준다. 미래에는 인공지능이나 로봇으로 인해 더 편리해질 것이다. 그러므로 아이가 가진 취약점이 꼭 아이의 발목을 잡아서 이 아이가 이룰 수 있는 것이 별로 없다고 생각할 건 아니다. 잘 궁리하면 아이가 자기 삶을 좀 더 만족스럽게 펼쳐 나갈 길이 있을 것이다.

부모가 이런 마음자세를 가지는 게 매우 중요하다. 그러면 아이에게 해주는 말도 그렇게 나오기 때문이다. 아이의 존재 가치를 위해 부모가 해줄 수 있는 말을 다시 떠올려보자.

"우리는 다 별이고 보석이야. 별에도 분화구가 있고 움푹 들어간 데도 있고 나온 데 있어. 조금 더 좋아 보이는 데가 있고 조금 더 안 좋아 보이는 데 있지만 그것까지 다 합해서 우리는 별이고 보석인 거야. 그리고 너도 마찬가지로 강점과 약점이 있어. 그리고 네 안에는 엄청난 잠재력이 있어. 그걸 마음껏 펼치면서 살면 되는 거야."

아이도 그렇게 생각하고 부모도 그렇게 생각해야 한다. 이런 메시지를 받으며 자란 아이와 "너는 어찌하려고 그러니? 다른 아이들은 이 정도 하는데 이걸 어떻게 해야 하지?"라는 말을 들으며 자란 아이는 전혀 다른 결과를 보여줄 것이다.

조금 특별한 아이라 하더라도 '너는 절대적 존재 가치가 있는 아이'라는 걸 알려주고 조건 없이 사랑해주고 가치 교육을 해주자. 다만 발달에서 조금 문제가 된다거나 조금 더 느린 아이에게는 두 가지에 특히 집중해야 한다.

하나는 소통하는 것이다. 일단 언어소통이 잘되면 좋겠지만 혹시 언어가 어려우면 소통 디바이스를 쓰는 등의 다른 소통 방법을 찾아서라도 소통이 잘돼야 한다. 스티븐 호킹 박사가 컴퓨터를 통해 말하는 것을 보았을 것이다. 미래에는 소통 기기가 더욱 발달할 것이다.

사람이 소통이 잘 안 되면 여러 가지 2차적 문제가 생긴다. 나의 생각이나 욕구 등을 표현할 수 없다면 얼마나 갑갑하고 속이 터지겠는가. 불안이나 분노가 나타날 수도 있다. 그러니까 소통 능력이 부족하다면 노력해서 어릴 때부터 도와주는 게 좋다. 앞서 말한 것처럼 검사를 받아보고, 필요하면 언어치료를 받는 것도 좋은 방법이다.

다른 하나는 앞에서도 강조한 자기조절력이다. 자기조절력은 누구에게나 가르쳐야 하지만 드러나는 취약점이 있는 아이, 발달장애가 있는 아이들에게 더욱 중요하다. 다른 아이들보다 조금 늦을 수 있는데 조절이 잘 안 되면 문제 행동이 나온다거나 해서 안전에 위험을 줄 수도 있기 때문이다. 그러면 사회에서 잘 적응해서 건강하게 성장하는 데 걸림돌이 될 수 있다.

소통과 자기조절, 이 두 가지는 조금 더 신경을 써주자. 그렇게 하면서 문제를 일으키는 단점이 있다면 보완해주고, 강점에 집중하면서 아이가 좋아하고 호기심 있고 관심 있는 방향으로 지원해주자. 앞서 관심과 놀이에서 확장해 학습할 수 있다고 했다. 아이가 관심 있어 하는 걸 따라가면서 거기서 확장해나가며 가르쳐주는 게 제일 좋은 방법이다.

| 부모
| 연습 | 우리 가족 파악하기

사람마다 다른 특성과 성격을 가지고 있는 것은 당연하다. 아이와 함께 우리 가족이 가지고 있는 취약점은 무엇인지 이야기하고 적어보자.

Q 나의 약점에는 어떤 것이 있는가?

·
·
·

Q 아이의 약점에는 어떤 것이 있는가?

·
·
·

사람은 누구나 특별하다. 아이와 함께 우리 가족이 가지고 있는 강점은 무엇인지 이야기하고 적어보자.

Q 나의 강점에는 어떤 것이 있는가?

Q 아이의 강점에는 어떤 것이 있는가?

Q 부모와 아이가 각자 좋아하고 잘하는 것을 앞으로도
어떻게 실행할지 이야기 나눠보자.

내면이 단단한
아이로 키우는

⋮

부모의
자세

부모에게
인내심은 필수다

아이한테 규칙을 가르쳐야 할 때가 있다. 특히 안전에 관한 것이나 기본적인 책임은 가르쳐야 한다. 그런 것은 규칙으로 만들어 연습시키고 잘 안 되면 이렇게 말해주자.

"오늘 그래도 5분은 했구나. 아직 어렵지? 오늘 연습했으니 내일은 더 나을 거야."

아이가 규칙을 전혀 못 지켰을 수도 있다. 그렇다고 해도 "어려웠지? 아직까지 준비가 안 된 것 같아. 연습하면 될 거야. 그래도 노력해줘서 고마워"라고 하자. 아이가 규칙을 지키지 않고 떼를 쓰고 있을 때 이렇게 하라는 게 아니다. 훈육할 때는 하고 상황이 끝난 뒤에, 특히 잠자리에 들기 전 루틴에서 20초 허그를 실행하자. 그리고 이렇게 말하는 것이다.

"힘들었는데 네 나름대로 노력해줘서 고마워. 우리 또 연습하자."

어른들도 가르쳐주는 걸 백 퍼센트 하지는 못한다. 나도 환자들에게 이것저것 가르쳐주지만 그중 70~80%만 해도 정말 잘하는 것이다. 아이는 오죽하겠는가. 부모가 10번 가르쳤을 때 2~3번만 해도 잘하는 것이다.

이런 얘기를 듣기만 해도 한숨이 나오는 부모도 있을 것이다. 그만큼 인내심이 필요하고 중요하다. 아이가 나한테 반항하려고 하지 않는 게 아니라 그렇게 할 능력은 아직 안 된다는 것을 기억하자.

그래서 부모도 스스로를 진정시키는 호흡을 연습하는 게 좋다. 쌀에다 물을 붓고 불을 켜고 기다리는 것처럼 아이한테 기본적인 사랑과 가르침을 준 뒤에는 기다림이 굉장히 중요하다. 중간에 너무 들쑤시면 밥을 망친다. 기다리고 반복해서 연습하고 또 기다리는 것이다. 이렇게 지난한 과정을 거쳐 루틴과 규칙을 잘 지킬 수 있는 아이로 커가는 것이다.

아이에게
어떻게 피드백을 줄까

부모는 아이의 결과에 집중하기보다 과정에 집중해야 한다. 특히 점수 자체에는 너무 큰 가치를 두지 않았으면 좋겠다. 아이가 공부를 힘들어한다면 '조금 더 흥미로운 방법으로 공부할 수 있을까?'라고 생각해봐도 좋고 '이렇게 공부하니까 좀 지루하니? 뭐 다른 방법이 없을까? 다른 책을 한번 찾아볼까? 온라인 강의가 있을까?' 하는 식으로 과정을 찾아가는 것이 더 중요하다. 부모가 "네가 어려운 건 뭐니? 어떻게 도와주면 좋을까?"라고 묻는 건 괜찮다.

아이가 잘하고 노력했을 때는 칭찬해줘야 한다. 이때도 과정을 칭찬한다.

"너 이번에 정말 열심히 하더라. 쉽지 않을 텐데 정말 열심히 공부했구나."

그리고 가치를 칭찬한다.

"네가 책임을 다 하려고 열심히 하고 있구나."

그런데 많은 부모가 이렇게 과정과 가치에 대한 피드백은 거의 하지 않고 그저 점수에 대한 피드백, 점수에 대한 보상만 한다. 앞서 내적 동기와 외적 동기에 대해 이야기했다. 보상을 통해 외적 동기만을 제공하는 건 주의해야 한다.

또 하나 당부하고 싶은 것은 아이의 외형적 약점을 지적하지 말라는 것이다. 외모에 대해서는 언급 자체를 자제하는 게 좋다. 예쁘다, 잘생겼다고 칭찬하는 것은 괜찮을 것 같지만 자주 외모 칭찬을 하면 예쁘고 잘생긴 게 자신의 중요한 가치라고 생각할 수 있다. 외모에 너무 가치를 두면 이에 따라 남과 비교하게 되고 열등감이 생기기 쉽다. 외모가 가치니까 더 좋은 외모를 갖고 싶어 하게 될 수 있다. 여기에는 끝이 없다.

그런데 외모는 타고나는 거라 쉽게 바꿀 수가 없지 않은가. 자기 힘으로 개선할 수 없는 것에 가치를 두면 무력하게 느껴지기 마련이다. 아이가 예쁘고 잘생겨서가 아니라 그냥 아이 자체를 부모가 사랑한다는 것을 알려주자. 부정적인 말은 더 말할 필요도 없이 안 하는 게 좋다. 내면에 좀 더 가치를 두도록 기르면 마음이 더 건강하고 단단한 성인으로 자랄 것이다.

부모연습 내면이 단단한 아이

아이의 내면을 단단하게 키우기 위해서는 부모의 자세가 중요하다. 아이가 성취하는 결과보다 그 과정에 집중하도록 태도를 바꿔보자.

Q 아이가 규칙을 지켰을 때 칭찬해줄 말을 써보자.

Q 아이가 가장 최근에 노력한 것은 무엇인지 적어보자.

Q 아이가 노력한 과정과 가치를 칭찬하는 말을 적어보자.

행복한
부모,

⋮

행복한
아이

모두가 이길 수는 없지만
모두가 성장할 수 있다

행복한 부모와 불안한 부모는 어떤 점이 다를까? 바로 믿음이다. 행복한 부모는 아이에게 믿음을 가지고 있다. 우리 아이에게 잠재력이 있다는 믿음이 있다. 반대로 불안한 부모는 우리 아이에게 잠재력이 있다는 것을 믿기 어려워한다. 아이에게 잠재력이 있다는 걸 믿는다면 부모가 시간표 다 짜고 일일이 검사해가면서 아이를 압박하지 않을 것이다.

지금까지 설명한 육아와 자녀교육의 기본을 제대로 했다면 아이가 잘 자랄 거라고 믿고 나머지는 힘을 좀 빼도 된다. 아이가 이미 가진 잠재력을 펼치기를 기다려주자. 아이는 충분히 자기 길을 찾아가는 선장이 될 수 있다. 아이에게 가치 교육을 잘해주고 스스로 단단하게 서는 선장이 될 준비를 도와줬을 때 아이도 부모도 행복해진다. 그리고 부모와 자식 간의 관계도 좋아진다.

여기서 중요한 개념이 "아이가 내 말을 듣게 만든다"는 데서 "아이가 좋은 선택을 하도록 도와준다"로 생각을 바꾸어야 한다는 것이다.

이런 상상을 해본 적이 있는가? 부모가 20년 동안 고생고생해서 따라다니고 다 해줬는데 아이가 30대 심지어 40대 성인이 되어도 독립을 안 한다. 부모가 계속 뭔가를 해줘야 한다. 내가 만난 부모들은 이런 상상을 하면 소름 끼친다고 했다. 대학교만 좋은 곳에 보내놓으면 내 일이 끝난다고 생각하고 이를 악물고 20년을 달려왔는데, 그 후로 10년, 20년 그 고생을 더 해야 한다면 어떨지 생각해보라. 그런데 실제로 이런 가정이 많다. 게다가 부모와 자식 간에 사이도 안 좋아진 지 오래다. 총체적 난국이다.

지금 부모가 짊어진 짐은 대부분 필연적인 것이라기보다는 부모가 만들어서 짊어진 것이다. 다른 사람이 다 한다고, 우리 아이만 뒤처진다고 스스로 불안해서 만든 것이다. 안 져도 되는 짐을 스스로 다 지고 있는 것이다.

그런데 그 짐은 우리 아이들을 더 의존적으로 만든다. 아이의 짐은 아이에게 주고, 쓸데없는 짐은 내려놓아야 한다. 이제라도 그 짐을 내릴 수 있다. 용기를 내고 아이의 잠재력을 믿는 것이다. 그러면 분명히 상황은 더 좋아질 것이다. 내가 되뇌는 문구가 있다. 수녀이자 강사이자 작가인 조안 도허티 치티스터가 한 말이다.

"우리는 이기기 위해 세상에 온 것이 아니라 성장하기 위해 온 것이다(We are not here to win, we are here to grow)."

우리 아이들이 남을 이기려고, 1등 하려고 세상에 온 게 아니다. 그러니까 아이가 성장을 잘할 수 있도록 기본만 맞춰주면 된다. 모든 사람이 다 이길 수는 없다. 그러나 모든 사람이 성장할 수는 있다.

입시 제도보다
먼저 바뀌어야 하는 것

많은 부모가 아이에게 외적 동기만을 제공하고 경쟁 논리로 아이를 키우면서 입시 제도 탓을 한다. 제도가 바뀌지 않는 한 아이를 몰아붙이지 않을 수 없다고 말한다. 맞는 말이기도 하다. 제도에도 문제가 있다. 그런데 제도가 바뀌어야만 부모가 변할 수 있을까?

'코브라 효과(cobra effect)'라는 것이 있다. 19세기 인도 델리 지역에서 코브라가 갑자기 번성했다. 코브라는 독사이므로 당연히 문제가 됐다. 그래서 정부에서는 코브라를 죽여서 목을 갖고 오면 두당 포상금을 주겠다고 했다. 그러자 사람들이 너 나 할 것 없이 코브라를 잡으러 다녔고, 그 결과 코브라 수가 주는 듯 보였다.

이때까지만 해도 성공한 줄 알았는데 어느 날 갑자기 다시 코브라 수가 급격하게 늘기 시작했다. 어떻게 된 걸까? 코브라를 잡아가면 돈을 준다고 하니까 사람들이 코브라를 사육해서 팔기 시작한 것이다. 이처럼 좋은 의도에서 만든 제도였는데 오히려 의도에 역행하는 결과를 가져오는 것을 코브라 효과라고 부른다.

비슷한 예로 우리나라에서 1980년대에 과외 전면 금지령을 내린 적이 있다. 돈이 많은 사람이 과외를 시키고 돈 없는 사람은 못 시키니까 불공평하고 사회적 격차가 벌어진다는 이유에서였다. 의도도 좋고 나름 논리적이게 들린다. 결과는 어떻게 됐을까? 불법이 되니까 웬만한 사람은 과외를 못 하게 됐지만 훨씬 더 능력 있는 사람들은 법망을 피해서 과외를 시키는 것이다. 그러니까 이게 오히려 더 심한 격차를 낳았다. 결국 성공하지 못하고 이 법령은 폐지됐다.

제도가 먼저 바뀌어야 한다고 말하고 우리는 제도에 따라서 움직인다고 생각하지만 사실 제도는 우리가 생각하는 걸 반영하는 것일 수 있다.

그동안 입시 제도가 얼마나 자주 바뀌었는가. 그래서 교육 문화가 바뀌었는가? 학력고사에서 수능으로 바뀌면서 우리 아이들이 행복해졌는가? 제도도 바뀌어야 하는 건 맞다. 그러나 제도가 바뀌어도 생각이 바뀌지 않으면 문화를 바꾸지 못한다. 반면에 한 사람, 한 사람 생각이 바뀌면 문화가 바뀌고, 문화가 바뀌면 제도는 필연적으로 바뀔 수밖에 없다. 모든 사람이 이제 입시 위주의 획일적 주입식 교육은 그만해야 한다고 생각한다고, 그렇게 행동하기 시작했다고 상상해보라. 문화는 바뀔 수밖에 없다.

최근에 전 세계적으로 미투 운동이 일어났다. 그런데 세계적으로 제도가 크게 바뀐 건 아니다. 남녀를 평등하게 존중해주는 제도는 이미 있었다. 그러나 사람들의 생각이 바뀌지 않았기 때문에 있는 제도도 제대로 영향력을 발휘하지 못했던 것이다. 그런데 미투 운동 전과 후에 여성 존중에 대한 문화 자체가 한층 달라졌다는 것을 느낄 것이다. 새로운 제도가 생긴 것이 아니라 한 사람, 한 사람이 목소리를 내기 시작하면서 문화가 바뀌기 시작했기 때문이다.

교육 환경이나 육아 환경도 똑같다고 생각한다. 아무리 아이들을 미래에 좀 더 준비된 인재로 키우려고 유도하더라도 사람들의 생각이 바뀌지 않으면 소용이 없다. 부모들의 가장 중요한 교육 목표가 자녀를 좋은 대학에 보내는 것이라면, 아무리 제도가 바뀌어도 입시 위주의 주입식 교육 문화는 어떤 방식으로든 계속될 것이다.

생각이 바뀌면 문화가 바뀌고, 문화가 바뀌면 제도는 따라서 바뀐다. 혹 제도가 바뀌지 않더라도 상황은 달라질 수 있고 더 바람직해질 수 있다. 나는 세상이 격변하고 있기 때문에 제도도 곧 바뀔 것이라고 믿는다. 그런데 제도의 변화를 기다리는 동안 현재의 교육 문화 안에서 아이들의 마음과 정신을 계속 고생시키는 것을 그대로 두고 볼 수는 없지 않은가. 먼저 우리의 생각을 바꾸어 문화를 하루 속히 바꾸어야 한다. 한 명의 아이라도 더, 자신이 절대적인 존재 가치가 있다는 것과 사랑받을 만한 사람이라는 것을 의심 없이 알아야 한다. 더 이상 어떤 아이도 성적 때문에 자신이 가치 없다고 믿고 세상을 살아가게 두어서는 안 된다. 한 명의 아이도 성적 때문에 삶을 비관하여 목숨을 끊는 일은 없어야 한다.

이쯤에서 꼭 나오는 이야기가 있다. 나는 생각을 바꾸더라도 다른 애들은 다 학원 다니는데 우리 아이만 안 다니면 뒤처질까 봐 불안하다는 것이다. 심한 동조 현상 탓이다. 다른 사람들 다 하니까 압박을 받는다는 것이다. 충분히 이해되고 자연스러운 반응이다.

 그러나 세상에는 언제나 혁신가가 있었다. 더 좋은 생각을 가져오는 사람이다. 그런데 새로운 생각이 나오면 처음에는 그것이 대세가 아니다. 이때 얼리어답터들이 있다. '저 생각이 좋은 생각 같아'라고 생각하고 남들보다 일찍 받아들이는 사람이다. 처음에는 소수가 받아들이다가 새 방법이 기존의 방법보다 좋다는 것이 퍼지면 어느 순간 물꼬가 터진다. 임계점(tipping point)이 오는 것이다. 그러면 새로운 생각이 순식간에 대세가 되고 오래된 생각을 하던 사람들이 뒤처지는 것 같아 불안해하는 때가 온다.(경제학자들은 대중의 16% 정도가 새것을 받아들이게 되면 임계점에 이른다고 한다. 우리도 할 수 있다!)

 여러분은 얼리어답터가 되길 바란다. 본질적인 육아 방식이 더 미래에 준비된 아이를 키우는 길이고 부모도 더 마음 편해지는 방식이다. 그렇게 해서 더 건강하고 행복한 아이, 나아가 인생을 스스로 개척하는 주체적인 아이로 기르는 것을 보여준다면 오히려 오래된 방식으로 아이를 기르던 사람이 '아, 나도 저렇게 길러야 맞나?' 하며 불안해질 것이다. 그러면, 그들도 친절하게 새 길로 안내해주면 된다. 그렇게 한 사람 한 사람이 모여 결국 육아와 교육의 새 문화를 불러일으키게 될 것이다.

부모 연습 함께 행복해지기

용기를 내어 아이의 잠재력을 믿고 성장할 수 있게 도와주자. 앞에서 이야기한 내용을 토대로 육아의 부담감을 내려놓고, 행복한 부모로서 내 아이를 건강하고 행복하게 키울 수 있도록 앞으로의 다짐을 적어보자.

에필로그

아이와 나 자신을 위해
용기를 내자

열심히 아이를 키우는 부모가 자녀에게 궁극적으로 바라는 결과는 무엇인가? 아이가 성장해서 자기 삶에 만족하고 미래에 희망을 가지고 사는 게 아닐까. 그런데 주변을 돌아보면 그렇게 사는 사람이 많지 않다. 30대까지 자기가 원하는 것이 아니라 부모가 원하는 길을 한눈팔지 않고 가다가, 40대가 되어서 자신이 정말 원하는 삶은 뭔지 모르겠다고 말한다.

앞에서도 언급한 세계행복도보고서는 각국의 행복도를 6개의 항목을 통해 조사한 것이다. 그 항목 중 하나는 '내 삶을 어떻게 살지를 선택하는 자유'에 대해서 묻는다. 자기 자신에게 질문해보라. 내 삶을 어떻게 살지 선택하는 데 정말 자유로운지, 내가 원하는 방향으로 갈 수 있는지 생각해보라. 다른 사람 따라가기 바쁜 이 삶에서 내가 원하는 방향으로 내 삶을 살아갈 수 있다고 말하는 사람이 얼마나 되겠는가. 그런데 이러한 자유가 제한된다면 행복도 제한되는 것이다.

이 책을 꿰뚫고 있는 중요한 개념은 바로 자율성(autonomy)이다. 영국으로부터의 독립에 앞장섰던 미국 변호사이자 정치인인 패트릭 핸리는 "자유가 아니면 죽음을 달라"는 유명한 말을 남겼다. 이처럼 인간은 자율성을 빼앗기면 행복하지 못하고, 누군가에게는 자유가 없는 삶보다는 죽음이 나을 정도다.

우리가 자녀를 키우면서 어린 아이를 위험으로부터 보호하고 성장에 필요한 안전한 환경을 제공해야 하는 것은 당연한 일이다. 그러나 이를 빌미로 아이들의 자율성을 무시해서는 안 된다. 특히 자녀를 양육하는 궁극적 목적이 자립임을 상기하면 자율성을 최대한 길러주어야 한다.

내가 자유롭게 나의 인생에서 중요한 결정을 내릴 권리가 있듯이 우리의 자녀들도 같은 권리가 있다. 아이에게 '내가 너의 인생에서 중요한 결정에 대해 더 잘 아니까 너는 나의 말을 따르라'고 말해선 안 된다. 자녀의 자율성을 침해할 권리가 부모에게 주어지지 않았다. 그 누구에게도 주어지지 않았다.

나는 아이를 몹시 원했고 수년간 난임 치료를 받으며 노력했음에도, 자녀를 갖는 복은 누리지 못했다. 당연히 많은 아쉬움이 있는 것이 사실이다. 이런 나의 마음을 어머니에게 토로한 적이 있다.

　"엄마, 나는 아이가 있었으면 정말 잘 키울 자신이 있었는데…. 나 닮은 아이 낳아서 온 세상을 자기 세상처럼 펼치며 마음껏 살게 키우려고 했는데 말이지."

　그러자 어머니가 전화기 너머로 말했다.

　"아이고 나영아, 자식은 잘 키우려고 낳는 게 아니다. 자식 니 맘대로 안된대이. 자식은 내가 키우고 싶은 대로 기르려고 낳는 게 아니다."

　"응?"

　"자식은 사랑하려고 낳는 기다."

　나의 머리를 치고 가슴을 울리는 말이었다. 나도 내 욕심으로 아이를 갖고 싶었던 것이다. 아이를 잘 키워보겠다는 것은 아이를 사랑하는 마음이 아니라 나의 욕심이었다. 그렇기에 내 뜻대로 키워보고자 하는 마음에, 아이에 대한 존중, 그 아이가 살고자 하는 삶에 대한 자율성의 존중은 스르륵 덮여버렸던 것이다.

　이제는 아이 갖는 가능성의 시기는 지나갔고, 강아지를 두 마리 데려와 사랑으로 기르고 있다. 참 사랑스럽다, 고놈들. 강아지를 키우는 것과 자식을 키우는 데 공통점이 많다고 하지만, 아주 큰 차이

점이 있다. 바로 강아지를 키우는 궁극적인 목적은 자주적이고 독립적인 개로 키우는 것이 아니라는 점이다. 그래서 나는 그들의 자유를 많이 제약한다. 언제나 내가 먹여주고, 씻겨주고, 돌봐주어야 하는 존재들이므로 내 말에 잘 따르도록 키우는 것은 피할 수 없는 부분이다. 나는 이 아이들을 사랑할 수 있지만, 높은 자율성을 존중해주기는 어렵다.

그렇지만 인간의 후예로 태어난 우리 자녀들은, 처음 세상에 나온 순간부터 존재 그 자체만으로 절대적인 존중을 받아야 한다. 그에 따르는 각자의 자율성을 존중받아야 마땅한 존재다. 이런 소중한 생명이 나를 통해 이 세상에 태어난 것이다. 나에게 사랑받기 위해 태어난 것이다. 그러므로 부모는 아이를 사랑하면서, 성인이 되어 자립하여 자신의 삶을 스스로 개척해 나가도록 준비해줄 책임이 있다. 이를 위해 자녀의 자율성을 존중하고 길러주면 부모 역할을 다 한 것이다. 그 이상의 기대는 다 나의 욕심이다.

이제는 자녀가 나에게 종속적인 존재라는 착각을 깨야 한다. 우리는 평등하게 존중받을 존재다. 나에게 온 이 소중한 존재를 내가 세상에서 사랑받기 원하듯 사랑해주자. 내가 세상에서 존중받기를 원하듯이 존중해주자. 자녀의 의견과 생각을 존중하며 경청해주자.

여기까지 읽은 여러분, 이제 용기만 내면 된다. "좋은 이야기야"

라고 하면서 책 덮고 다시 똑같이 한다면 아무것도 변하지 않는다. 스스로 끊임없이 상기하면서 실천해야 한다. 그러면 여러분이 이 책에서 본 비전이 현실이 될 것이다.

지금까지 설명한 내용은 모두 아이 내면에 단단함을 키워주는 방법이다. 이렇게 내면이 단단해진 아이는 자기 삶을 살아나가면서 돌부리에 부딪혀도 또다시 나아갈 수 있는 사람이 된다. 부모 여러분도 그런 사람이 되고 싶지 않은가? 아이한테 이걸 가르쳐주면서 같이 성장하면 된다.

할 수 있다. 내가 소개한 여러 가지 방법 중에 그리 실천이 어려운 것은 없다. 비용이 많이 드는 것도 없다. 생각만 조금 바꾸면 된다. 가장 어려운 건 부모 자신의 불안을 다스리는 것이다. 아이에게 좋은 방향이 아니라는 걸 알면서도 자신의 불안 때문에 계속한다는 게 부모로서 용납되는가?

아이 때는 즐거워야 한다. 하루하루가 재미있어야 한다. 아이가 행복해지는 문화를 우리 부모들이 일으켜야 한다. 아이들이 행복한 것이 모든 부모가 바라는 바가 아닌가. 아이들이 행복해야 그들이 자라서 행복한 청년이 된다. 청년이 행복해야 우리 미래가 행복하고, 그중에서 나온 리더가 행복한 나라를 이끌어갈 것이다.

아이가 미래라는 흔한 이야기를 잊고 사는 부모가 너무 많다. 이 책을 펼치고 읽었다면 여러분은 이미 문화를 바꾸는 데 동참한 것이다. 많은 사람이 생각은 있어도 실천하지 못한다. 그런데 여러분은 이미 뭔가를 시작한 것이다. 작가이자 세계적인 강연가인 사이먼 시넥은 이렇게 말했다.

"비전은 꿈과 같아서 우리가 뭔가 하지 않으면 사라질 것이다."

반대로 비전이 현실이 되게 하려면 뭔가를 해야 한다. 우리 사회, 교육 제도가 어떻게 바뀌어야 한다고 말은 하면서 아무도 어떤 행동도 하지 않는다면 대체 그것을 누가 바꾼단 말인가. 부모의 가장 큰 동기는 자녀가 잘되는 것이다. 그 동기를 가지고 있는 여러분이 아이에게 더 행복한 삶을 주기 위해 용기를 내야 한다.

한 사람, 한 사람이 용기 내어 하는 무언가가 우리의 문화를 바꾸어 우리 아이들이 행복한 아이들이 되고, 행복한 청년이 되고, 행복한 사회를 이루는 구성원이 되기를 바란다. 20년쯤 후에 '내가 그때 그 역사적인 문화 운동에 참여했었지. 지금처럼 육아와 교육의 문화가 바뀌는 데 한몫했지' 하며 뿌듯하게 회고하기를 바란다.

우리는 함께할 수 있다. 함께 깨어나자. 함께 일어나자.
#라이즈투게더 #risetogether.

*이 책의 인세 중 일부는 보육원과 보호종료 아동을 돕는 사단법인 야나에 기부됩니다.

KI신서 13820
세상에서 가장 쉬운 본질육아 (10만 부 뉴에디션)

1판 1쇄 발행 2025년 10월 10일
1판 4쇄 발행 2026년 1월 7일

지은이 지나영
펴낸이 김영곤
펴낸곳 (주)북이십일 21세기북스

인생명강팀장 윤서진 **인생명강팀** 박강민 유현기 황보주향 심세미 이현지
디자인 강경신 **일러스트** cometyooon
마케팅 이수진 유진선
영업팀 정지은 한충희 장철용 남정한 강경남 황성진 김도연 나은경 이정은
제작팀 이영민 권경민

출판등록 2000년 5월 6일 제406-2003-061호
주소 (10881) 경기도 파주시 회동길 201(문발동)
대표전화 031-955-2100 **팩스** 031-955-2151 **이메일** book21@book21.co.kr

ⓒ 지나영, 2025
ISBN 979-11-7357-530-3 13590

(주)북이십일 경계를 허무는 콘텐츠 리더

21세기북스 채널에서 도서 정보와 다양한 영상자료, 이벤트를 만나세요!
페이스북 facebook.com/jiinpill21   **포스트** post.naver.com/21c_editors
인스타그램 instagram.com/jiinpill21   **홈페이지** www.book21.com
유튜브 youtube.com/book21pub

서울대 가지 않아도 들을 수 있는 **명강**의! 〈서가명강〉
'서가명강'에서는 〈서가명강〉과 〈인생명강〉을 함께 만날 수 있습니다.
유튜브, 네이버, 팟캐스트에서 '서가명강'을 검색해보세요!

• 책값은 뒤표지에 있습니다.
• 이 책 내용의 일부 또는 전부를 재사용하려면 반드시 ㈜북이십일의 동의를 얻어야 합니다.
• 잘못 만들어진 책은 구입하신 서점에서 교환해드립니다.